Los Primeros Pasos de un Discípulo

Acercando a Jesús

Joseph Anthony Andino

JOABY
BOOKS
A division of Joaby Ministries

© 2019 por Joseph Anthony Andino

Todos los derechos reservados

Ninguna parte de esta publicación podrá ser reproducida, procesada en algún sistema que la puede reproducir, o transmitida en alguna forma o por algún medio electrónico, mecánico, fotocopia, cinta magnetofónica u otro proceso, excepto para breves citas en reseñas, sin el permiso previo del Rev. Dr. Joseph Anthony Andino.

Todos los pasajes bíblicos en este libro están tomados de la traducción Reina Valera 1960 a menos que se le indique a lo contrario.

Impreso en los Estados Unidos

Traducido al español por: Abigail Andino

Editado por: Madeline Pereira

Portada por: Marc McBride

ISBN # 978-1-7338857-0-6

Joaby Books, a division of Joaby Ministries

Contenido

Introducción i
    Como usar este recurso ii
    Reglamentos de la Academia v
    Proyectos del discípulo vi
Un llamado hacia el Discipulado 2
    La responsabilidad de cada creyente 2
    Estableciendo prioridades 5
    La meta del discipulado 6
Discipulado Básico 10
    ¿Qué significa ser un discípulo? 10
    Un alumno 10
    Un seguidor 12
    La disciplina 14
Aprendiendo como Orar 18
    Un Modelo para la Oración 18
    Nuestro Padre celestial 19
    Haciendo peticiones 20
    Pidiendo perdón 21
Conociendo Su Biblia 23
    Comida espiritual 23

Inspiración divina 24
Familiarizándose con la Biblia 25
El Antiguo Testamento 26
El Nuevo Testamento 28
Alabanza y Adoración 30
Intimidad espiritual 30
Principios de la alabanza y la adoración Creados para adorar 31
Idolatría espiritual 32
Verdadera adoración 34
Maneras de Adorar 37
La Necesidad de Salvación 41
Entendiendo la Necesidad de Salvación 41
Todos han pecado 42
LOS DIEZ MANDAMIENTOS 44
La paga del pecado es muerte 45
El Mediador de Nuestra Salvación 48
¿Por qué necesito a Jesús para ser salvo? 48
El Mediador 49
Su misión 49
Su mensaje 51
Su ministerio 52
La Esencia de la Salvación 55
¿Qué debo hacer para ser salvo? 55
La fe es esencial 56

- La confesión es esencial 58
- El arrepentimiento es esencial 60
- Y volviendo en sí (verso diecisiete) 61
- Me levantaré (verso dieciocho) 62
- Levantándose vino a su Padre (verso veinte) 62
- Oración de salvación 64

La Evidencia de la Salvación 65
- ¿Qué pasó cuando Cristo me salvó? 65
- El perdón 66
- ¿Y qué de mi pasado? 67
- La transformación 68
- Un traslado 70

La Certeza de la Salvación 73
- ¿Cómo puedo estar seguro de que soy salvo? 73
- Gracia salvadora 74
- La dispensación de la gracia 75
- Gracia sustentadora 79
- Gracia 81

El Propósito de la Salvación 83
- ¿Por qué lo salvó Jesús? 83
- La hechura de Dios 84
- Las buenas obras 86
- Las llaves para un servicio de calidad Una buena reputación 88
- Sirviendo bajo la unción 90

- Sirviendo con sabiduría ... 93
- Las Ordenanzas de la Iglesia ... 96
  - El Bautismo en Agua ... 96
  - Simboliza la muerte de Jesús ... 97
  - Simboliza la sepultura de Jesús ... 98
  - Simboliza la resurrección de Jesús ... 99
  - La Santa Comunión ... 101
  - El pan ... 102
  - La copa ... 104
  - Jesús inicio un pacto nuevo y mejor ... 106
  - Jesús nos hizo herederos de la salvación ... 108
  - Jesús regresará a la tierra ... 109
- Como iniciar una Academia de Discipulado en su iglesia .. 111
  - El currículo ... 111
  - El director de la Academia ... 112
  - El asistente al director ... 113
  - El secretario/tesorero ... 114
  - Los maestros/mentores ... 114
  - Reglamentos de la Academia ... 114
  - Proyectos del discípulo ... 116
- El Pacto del Discípulo ... 117
- Tarjeta del Nuevo Creyente ... 119
- Reporte de Seguimiento ... 120
- Reporte Mensual de la Academia ... 121
- Auto-Examen ... 122

Bibliografía.. 142
Recursos de la Academia 144

Dedicatoria

Quiero dedicar esta obra literaria a todos los maestros/mentores de la Academia de Discipulado de la Catedral Nuevos Comienzos, en Passaic New Jersey. Gracias por sus esfuerzos y la dedicación que muestran apoyando a los nuevos creyentes en su desarrollo espiritual. Es un gozo ministrar contigo y ver como las almas van creciendo en la gracia y conocimiento de nuestro Señor Jesucristo. Que la bendición de nuestro Señor abunde en sus vidas siempre.

Pastor Bryan Martínez
Juan y Scarlett Busque
Luis y Lissette Reyes
Carlos y Edith Méndez
Noel y Mabel González
Javier y Adela Huerta
Giovanni y Nancy Villalona
Apolonio y Evelyn Sosa
Miguel y Cruz Rosario
José Montalvo
Bernardo Ruiz
Martha Ventura
Maritza Chalas

De igual manera quiero agradecer a la directora de nuestra Academia de Discipulado, Migdalia Hernández Sánchez, y su equipo de liderazgo, por su arduo trabajo, corazón de servicio, y dedicación a la excelencia. Podemos atribuir el éxito de nuestra Academia a su ministerio de liderazgo y su pasión por las almas. Ciertamente, habrá una corona en el cielo que refleja sus esfuerzos.

Por fin, quiero dar gracias a Dios por mi esposa, la pastora Abigail Andino, por ser mi ayuda idónea por los últimos 25 años. Comenzamos nuestra jornada de discipulado eclesiástica en el estado de Kentucky, donde duramos ocho años en aquella obra y vimos la mano de Dios formar y bendecir a muchas personas. Ahora, por más de diez años, estamos haciendo discípulos en la cuidad de Passaic New Jersey, y ha sido una bendición extraordinaria. Solo Dios sabe lo que nos espera en el futuro; pero una cosa si se, y es que juntos, continuaremos haciendo discípulos para la honra y gloria de aquel que nos llamó. Te amo.

Introducción

Si está leyendo este libro debe ser porque recientemente se ha convertido en un seguidor de Jesucristo; o puede ser que, como cristiano, aún no ha tenido la oportunidad de estudiar un curso de discipulado. En ambos casos, déjeme decirle que ha tomado la decisión correcta. Si eres un creyente nuevo, este libro le guiará en sus primeros pasos como discípulo de Jesús. Es importante que todo cristiano conozca, entienda y sepa quién le ha salvado, por qué (o para qué) ha sido salvo, de qué ha sido salvado y de cómo compartir su experiencia de salvación y su fe, además de otros principios básicos y prácticos que enseña la biblia. Este conocimiento, bien aprendido, será el fundamento sólido que servirá como la base sobre la cual construir una vida cristiana saludable, consistente y estable. Si estás leyendo el libro porque nunca has tenido la oportunidad de estudiar un curso de discipulado, este libro le ayudara a recordar lo básico de la fe cristiana y las herramientas para entrenar a otros en el desarrollo de su fe.

El ministerio de discipulado ha sido esencial y fundamental en la iglesia desde su nacimiento. Después de la crucifixión de Jesús, y antes de su ascensión a la diestra del Padre, Jesús comunico unas instrucciones importantes a sus discípulos con el fin de motivarles a continuar el ministerio que él había iniciado; *"id, y haced discípulos a todas las naciones, bautizándolos en el nombre del Padre, y del Hijo, y del Espíritu Santo; enseñándoles que guarden todas las cosas que os he mandado; y he aquí yo estoy con vosotros todos los días, hasta el fin del mundo"* (Mateo 28:19, 20). Por más de tres años, Jesús ministro a las necesidades espirituales y físicas de su comunidad compartiendo el amor y poder de Dios y mostrando que una nueva época en la historia de la raza humana había empezado. Jesús entrego los detalles e instrucciones de este nuevo pacto a sus discípulos, con la fe y esperanza de que ellos iban a hacer lo mismo. Dos mil años después, hay más de mil millones de discípulos de Jesús siguiendo el legado ministerial del Maestro. Preparé esta obra literaria para ayudar a todos los creyentes que desean ser colaboradores con Jesús en la expansión de su reino y la edificación de su iglesia a través de la tradición cristiana del ministerio de discipulado.

Como usar este recurso

La Academia de Discipulado fue creada para entrenar a los nuevos creyentes en el conocimiento básico de la fe cristiana. Por la gran pasión que nos mueve, y por el sincero deseo de cumplir la gran misión de Jesús, al cual comúnmente nos referimos como "La Gran Comisión" (Mateo 28:18-20; Marcos 16:15-20), he creado este currículo que se enfoca en cinco principios básicos del discipulado, practicados por Jesús, con el propósito de alcanzar la meta de hacer discípulos de todas las naciones. Estos cinco principios son: *demostración* – Jesús fue un ejemplo perfecto de liderazgo; *invitación* – Jesús invito a sus discípulos a seguirle; *conexión* – Jesús cuido a sus seguidores con amor; *educación* – Jesús equipo a sus discípulos para lo obra del ministerio; y *comisión* – Jesús envió a sus discípulos a ser colaboradores en su reino. He tomado estos principios para crear cinco niveles de entrenamiento para el desarrollo integral del creyente. Estos niveles de entrenamiento son:

(1) La escuela de adorares; (2) La escuela de evangelismo; (3) La escuela de mentoría; (4) La escuela del ministerio; y (5) La escuela de líderes.

El enfoque del primer nivel de la academia, la escuela de adoradores, es enseñar al creyente como desarrollar una vida espiritual íntima con Jesucristo. Logramos esto enseñando al alumno lo que significa ser un discípulo de Jesús con el privilegio que tenemos de desarrollar una vida de oración, lectura bíblica y la adoración de su santo y bendito nombre. Una gran parte de este nivel se concentra en instruir al alumno sobre la naturaleza de la salvación que Dios nos ha dado. Cuando el discípulo concluye la escuela de adoradores, estará listo para ser bautizado en agua y entenderá lo que significa adorar a Dios en espíritu y verdad.

La escuela de evangelismo es el segundo nivel de entrenamiento en la academia y se enfoca en enseñar al creyente cómo compartir el evangelio de Jesucristo con otros. En el primer nivel, el discípulo aprende como acercarse a Jesús y los fundamentos que lo mantendrá en un desarrollo espiritual saludable, en este nivel, aprenderá como traer otros a Jesús. Para capacitar el discípulo como ganador de almas perdidas, el alumno debe entender que cada creyente tiene el llamado de evangelizar a otros. Con este fin será equipado para comprender y compartir el mensaje del evangelio de Jesucristo con las personas que están a su alcance. También entenderá la necesidad de ser un testigo fructífero que comunica el mensaje del evangelio con poder de lo alto. Cuando cumple con los requisitos de este nivel, tendrá las herramientas necesarias de ser un testigo fiel.

En el tercer nivel de entrenamiento, la escuela de mentoría, el creyente es orientado en cómo cuidar y afirmar las personas que él o ella ha ganado para Cristo. Aquí ellos aprenderán sobre el mandamiento más importante en toda la biblia, que es el de amar a Dios con todo el corazón, alma y mente y a su próximo como a sí mismo. Aprenderá los principios de una paternidad espiritual saludable, la importancia de mantener relaciones sanas con los miembros de nuestra comunidad de fe, y las maneras en que los creyentes se van desarrollando espiritualmente. Con el cumplimiento de estos tres niveles de capacitación espiritual, los alumnos estarán capacitados para aprender como sus dones deben funcionar dentro de la iglesia local.

La escuela del ministerio es el penúltimo nivel de entrenamiento de la academia y en ella el discípulo será orientado en como descubrir y desarrollar los dones que Dios les ha dado. En este nivel el alumno aprenderá los principios básicos de la naturaleza de la iglesia de Jesucristo y el gran privilegio que Dios nos ha dado de servir en ella. Para servir en la iglesia con excelencia, el discípulo aprenderá como identificar los dones funcionales que Dios le ha dado y la importancia de perfeccionar esos dones para el servicio maravilloso del rey de reyes. También entenderá la diferencia entre los dones espirituales, administrativos y ministeriales. Esto capacitara al creyente a funcionar dentro del reino de nuestro Señor, a través de la iglesia local, en una manera apasionada y ordenada.

Introducción

El último nivel de la Academia de Discipulado es la escuela de líderes. Aquí enseñamos al creyente a cómo ser un líder en su hogar, en la iglesia y en su comunidad. Mientras el discípulo va creciendo en la gracia y en el conocimiento de Jesucristo, debe entender que su vida puede ser de una influencia positiva para los que están en su círculo de influencia. A esta altura, el cristiano estudiará los principios de liderazgo tomados de la vida de Jesús con el fin de ser empoderado a practicar los mismos principios en su vida cotidiana. Durante los cinco niveles de la academia de discipulado, estoy confiado de que el discípulo experimentará un crecimiento extraordinario bajo la supervisión de su maestro/mentor; y al completar el curso, estará listo para ser colaborador en la expansión del reino de nuestro señor, trabajando arduamente en su iglesia local.

Reglamentos de la Academia

Cada lección de estudio de la Academia de Discipulado contiene información práctica y pasajes bíblicos para la edificación del creyente. La mayoría de las lecciones en cada nivel pueden ser ministradas por el maestro/mentor, a sus discípulos, en una hora de clase. Las lecciones que son más extensos deben ser divididos en dos clases (ninguna lección debe ser dividido en tres clases). Si siguen este modelo, el alumno podrá completar la academia en un año y medio. Los reglamentos que siguen deben ser considerados por cada maestro/mentor:

Todo estudiante de la Academia debe completar los cinco niveles de discipulado para poderse graduar.

Todo estudiante debe cumplir con los proyectos de discipulado de cada módulo antes de ser promovidos al próximo nivel (véase a *los proyectos del discípulo*).

Todo estudiante debe completar un mínimo de ocho lecciones en cada nivel para ser promovidos al próximo nivel.

Todo estudiante debe venir completamente preparado a la clase para el estudio (con la Biblia, el libro de texto o el cuaderno, y una libreta de apuntes).

Para los alumnos que están estudiando algún nivel por su cuenta (sin un maestro) y desean recibir de nuestras oficinas un certificado de nuestro ministerio, deberán tomar un examen escrito (provisto por nuestras oficinas) en la presencia de algún oficial de su iglesia.

Toda instrucción o reglamento adicional está a la discreción del maestro.

Los materiales que corresponden a cada nivel están disponibles y pueden ser adquiridos comunicándose con las oficinas de nuestro ministerio al (973) 472-3498 o vía Internet a joaby@aol.com o www.academiadediscipulado.com.

Proyectos del discípulo

Cada nivel de preparación en la Academia de Discipulado viene con la asignación de un proyecto diseñado para la práctica de los principios bíblicos aprendido. En la mayoría de los casos, los maestros/mentores deben de estar presente para supervisar el desarrollo de sus discípulos. Estos proyectos son:

La escuela de adoradores – un retiro espiritual en la iglesia anfitriona con todos los alumnos

La escuela de evangelismo – trabajo personal en las calles, plazas o "mall" de la cuidad

La escuela de mentoría – trabajo personal en los hospitales o asilo de ancianos

La escuela de ministerio – cada alumno debe ser voluntario de uno o varios ministerios de su iglesia local para descubrir donde Dios le está llamando a servir.

La escuela de líderes – cada alumno debe asistir al retiro de líderes en preparación de su graduación. En este retiro, cada alumno compartirá su experiencia de formación con su clase. La última parte del retiro consistirá en una ceremonia de lavamiento de pies donde el alumno tomara para si un colega, y tomaran turnos para lavar los pies el uno al otro, orando y bendiciendo el uno al otro en el proceso.

Los Primeros Pasos de un Discípulo

Acercando a Jesús

Un llamado hacia el Discipulado

....

Y Jesús se acercó y les habló diciendo: Toda potestad me es dada en el cielo y en la tierra. Por tanto, id, y haced discípulos a todas las naciones, bautizándolos en el nombre del Padre, y del Hijo, y del Espíritu Santo; enseñándoles que guarden todas las cosas que os he mandado; y he aquí yo estoy con vosotros todos los días, hasta el fin del mundo. Amén.

Mathew 28:18-20

La responsabilidad de cada creyente

El mayor objetivo o misión de la Iglesia de Jesucristo es "hacer discípulos". La escritura citada nos enseña que Jesús comisionó a sus seguidores diciéndoles *"id y haced discípulos de todas las naciones"*. La voluntad de Dios es que todos Sus seguidores aprendan a enseñar y a entrenar a otros acerca de Jesús. Al convertirse en un cristiano, el llamado inmediato de Dios para usted es el ser un auténtico discípulo a través de conocer a Jesús mediante una relación personal con Él.

La palabra *"discípulo"* significa estudiante, alumno u oyente aprendiz. Cuando Jesús encomendó a Sus seguidores a ir y hacer discípulos, Él estaba diciéndoles que fueran, y a cualquiera que encontraran dispuesto a oír y aprender, que le enseñaran todas las cosas que Jesús les había enseñado a ellos. Ahora que ha tomado la decisión de recibir a Jesucristo como su Salvador y Señor, Dios le está llamando a conocerle personalmente mediante el estudio y aprendizaje de Sus enseñanzas y conociendo la vida que Él vivió en la tierra. Puede ser que esté preguntándose a sí mismo: "¿Cuál es la importancia de esto?, o ¿por qué esto es tan importante?, o ¿qué sacaré yo dedicándome al discipulado?" En este capítulo podrá revisar tres beneficios básicos que recibe aquel que dedica su vida al compromiso del discipulado.

El primer beneficio que recibe cuando dedica su vida al convertirse en un discípulo de Jesucristo es el de tener un fundamento sólido. Así como en cualquier otra cosa que se construye en donde el fundamento es esencial y crucial para asegurar la durabilidad de lo construido, es importante saber que, en el inicio de una nueva vida como nuevo creyente, los primeros hábitos que se desarrollan en sus primeros años como cristiano tienen el potencial de determinar qué clase de creyente será. Estos primeros hábitos que se formen en usted serán su **fundamento cristiano**. Si toma las decisiones correctas, si escoge bien y establece disciplinas espirituales saludables, su fundamento será sólido. Si comienza su jornada cristiana con descuido, indolencia y apatía, ciertamente que su fundamento será inseguro. Jesús enseñó este principio a Sus discípulos en el capítulo siete del libro de Mateo:

"Cualquiera, pues, que me oye estas palabras, y las hace, le compararé a un hombre prudente, que edificó su casa sobre la peña (roca); Y descendió lluvia, y vinieron ríos, y soplaron vientos, y combatieron aquella casa; y no cayó: porque estaba

fundada sobre la peña. Y cualquiera que me oye estas palabras, y no las hace, le compararé a un hombre insensato, que edificó su casa sobre la arena; Y descendió lluvia, y vinieron ríos, y soplaron vientos, e hicieron ímpetu en aquella casa; y cayó, y fue grande su ruina" (Mateo 7:24-27).

El primer principio que podemos extraer de este pasaje es que la acción de escoger o tomar decisiones determina la clase de fundamento que cada edificador posee. En la parábola de Jesús ambos constructores escucharon las palabras de Jesús, pero solamente uno las aplicó. El hombre sabio oyó las palabras de Jesús y haciendo conforme a lo que había escuchado edificó su casa sobre la roca; éste es un fundamento sólido. El hombre necio escuchó también las palabras de Jesús, mas no haciendo caso, no las puso en práctica y conforme a su necedad edificó su casa sobre la arena, la cual es un fundamento o base débil e insegura. Los dos hombres escucharon las palabras de Jesús, pero sólo uno decidió practicar lo que había aprendido. Por lo tanto, esto implica que los creyentes que escogen practicar aquello que aprenden de las Escrituras (la Palabra de Dios) establecerán un "Fundamento sólido" el cual les sostendrá durante las tormentas de la vida. Aquellos creyentes que escogen no obedecer las enseñanzas de Jesús, edificarán un fundamento débil que por ende se derrumbará a causa de las presiones que traen las adversidades de esta vida. Esto es un asunto de decisión.

El segundo principio que quiero subrayar de esta enseñanza impartida por Jesús a Sus discípulos es el factor esencial de que la misma es la Palabra de Dios (La Biblia), la cual es la substancia de uso para edificar el fundamento de nuestra vida. Todo fundamento requiere materiales para ser construido y de acuerdo a Jesús, la **Palabra de Dios** es lo que Él nos ha provisto para que podamos edificar vidas fortificadas y exitosas. Jesús dijo: *"Cualquiera, pues, que me oye estas palabras, y las hace, le compararé a un hombre prudente, que edificó su casa sobre la roca" (Mateo 7:24)*. Esto significa que como seguidor de Jesucristo una de sus prioridades debe ser el de estudiar por sí mismo la Palabra de Dios. Las palabras de Jesús han sido imprimidas en la Biblia para que Sus enseñanzas sean difundidas de generación en generación. Los que oyen Sus palabras y las hacen, edifican cimientos fuertes. Durante su entrenamiento de discipulado tendrá maestros que compartirán con usted los mandamientos, conceptos y principios revelados en la Biblia, más, la responsabilidad de atesorarlos es solamente suya. El tiempo que invierta estudiando, analizando y practicando la Palabra de Dios determinará la fuerza y el éxito de su vida espiritual. No hay mayor, ni mejor inversión de tiempo y recursos que la de tomar tiempo para la Palabra de Dios, pues escrito está: "El cielo y la tierra pasarán, más mis palabras no pasarán" (Mateo 24:35).

Estableciendo prioridades

En la sociedad de hoy parece ser que no hay suficiente tiempo en el día para completar todas nuestras tareas. Las tiendas están abarrotadas, las filas en los bancos son extensas y aún los restaurantes de comida rápida son lentos. Hoy, más que nunca, debemos determinar cuáles son las obligaciones más importantes para poder obtener la mayor productividad posible en todas las cosas. Si vamos a desarrollar (alcanzar) todo nuestro potencial debemos aprender a cómo establecer prioridades. Jesús habló sobre esta responsabilidad a Sus discípulos diciendo: *"Buscad primeramente el reino de Dios y*

Su justicia, y todas las demás cosas os serán añadidas" (Mateo 6:33). Durante este tiempo de enseñanza, Jesús animaba a Sus seguidores a no preocuparse por las cosas materiales de esta vida. El materialismo puede llegar a controlar nuestra vida, por esto Jesús enseñó a Sus discípulos a no afanarse por las posesiones materiales. Su enseñanza fue aún más allá y les dijo que el perseguir o afanarse por obtener cosas materiales podría convertirlos en esclavos y esto les tentaría a desertar y a darle la espalda a Dios: *"Nadie puede servir a dos señores, pues menospreciará a uno y amará al otro, o querrá mucho a uno y despreciará al otro. No se puede servir a la vez a Dios y a las riquezas" (Mateo 6:24, 25).* La lección de Jesús es sencilla (explícita). Cuando le damos prioridad a nuestra relación con Dios por encima de adquirir bienes materiales, tendremos ambas cosas; más cuando le damos la prioridad a ganar bienes materiales por encima del Reino de Dios, nos convertimos en esclavos del materialismo, perdemos nuestra paz y nuestro desarrollo espiritual se anula.

El compromiso con el discipulado le ayudará a establecer el Reino de Dios como la prioridad, ésta le equipará para cosechar bendiciones espirituales y materiales. Mientras busca primero el Reino de Dios y Su justicia, el Señor Jesús le ensenará y le dará sabiduría, conocimiento y entendimiento para que sea un buen mayordomo en todas las áreas y negocios de su vida. Ahora bien, ¡este sí que es un beneficio motivador y digno de nuestra determinación!

La meta del discipulado

El tercer beneficio que se recibe como resultado del compromiso al discipulado es el entendimiento de su propósito en la vida. Jesús invirtió alrededor de tres años entrenando diariamente a Sus discípulos, enseñándoles todas las cosas acerca de su asignación en su vida. El hizo esto para infundir el sentido de propósito y para impartirles el deseo de alcanzar una vida espiritual madura. Es una pena que haya gente que se llame cristiana y que todavía no entienda claramente su propósito en la vida. Han fallado en entender que ellos poseen el potencial en Cristo de ser como Cristo. Ellos han rechazado el comprender que el cristianismo es mucho más que una religión, es más bien, una relación con el Cristo que nació para mostrarnos el *camino*.

Al empezar su jornada como discípulo, es importante que entienda claramente la meta del discipulado. El Padre envió al Hijo a la tierra con una meta definida en mente. Jesús encomendó a Sus seguidores a ir por todo el mundo y a hacer discípulos de todas las naciones con una meta concreta en mente. El Espíritu Santo habita en el corazón y la mente de los creyentes, trabajando en ellos con una meta final en mente. El cristiano que ignora o rehúsa trabajar hacia el cumplimiento de esta meta, encontrará que le será imposible alcanzar el verdadero sentido de propósito y destino de su vida. Sólo aquellos que entienden y se esfuerzan por alcanzar esta meta final, pueden declarar honestamente un sentido de satisfacción en su vida espiritual. Y, ¿cuál es esta meta final para cada creyente? Ser como Cristo. Según la Biblia, el que dice ser cristiano está llamado a permitir que la Palabra de Dios y el Espíritu Santo de Dios le transforme a la semejanza del Señor Jesucristo. Los siguientes versículos establecen este principio:

"Y él mismo constituyó a unos, apóstoles; a otros, profetas; a otros, evangelistas; a otros, pastores y maestros, a fin de perfeccionar a los santos para la obra del ministerio, para la edificación del cuerpo de Cristo, hasta que todos lleguemos a la

unidad de la fe y del conocimiento del Hijo de Dios, **a un varón perfecto, a la medida de la estatura de la plenitud**

de Cristo; *para que ya no seamos niños fluctuantes, llevados por doquiera de todo viento de doctrina, por estratagema de hombres que para engañar emplean con astucia las artimañas del error, sino que siguiendo la verdad en amor,* **crezcamos en todo** *en aquel que es la cabeza,* **esto es, Cristo"** *(Efesios 4:11-15).*

"Hijitos míos, por quienes vuelvo a sufrir dolores de parto, hasta **que Cristo sea formado en vosotros"** *(Gálatas 4:19).*

"Por tanto, nosotros todos, mirando a cara descubierta como en un espejo la gloria del Señor, **somos transformados** *de gloria en gloria* **en la misma imagen**, *como por el Espíritu del Señor" (2 Corintios 3:18).*

"Porque a los que antes conoció, también los predestinó para **que fuesen hechos conformes a la imagen de su Hijo,** *para que él sea el primogénito entre muchos hermanos" (Romanos 8:29).*

Note que, en el último verso de esta escritura, los que han sido llamados por Dios necesitan ser *"conforme a la imagen de Su Hijo"*. Aquí, la palabra *conforme* significa "expresar o producir de acuerdo" o "obedecer - cumplir"[1]. La primera parte de este versículo establece que los que han sido llamados por Dios a la salvación deben aceptar el acuerdo de ser cambiados a la imagen de Jesucristo (el Unigénito Hijo de Dios).

---

[1] Webster's New American Dictionary, 1947.

La segunda parte de este versículo nos enseña que la transformación en los creyentes es la razón primordial por la cual Dios envió a Su Hijo. La frase *"para que el primogénito entre muchos hermanos"* significa que Jesús (el) vendría a ser el primero (primogénito), y no sólo uno de (muchos hermanos). La Biblia es clara y nosotros debemos entender, aceptar y estar de acuerdo con la revelación de que todos los creyentes han sido llama-dos por Dios a ser transformados a la imagen y semejanza de Su Hijo Jesucristo. Ahora sabe bien que el verdadero discipulado es que Jesús sea formado en la vida del creyente y que el verdadero creyente es aquel que es transformado a la semejanza de Cristo. Esta es nuestra meta fundamental, esencial y final y puede alcanzarla, una oración a la vez, una porción bíblica a la vez, "paso a paso". Usted ha sido llamado por el mismo Dios a ser un discípulo de Jesucristo. ¡Si lo cree, todo es posible!

Discipulado Básico

*Vengan, síganme, les dijo Jesús,
y los haré pescadores de hombres.*

Mateo 4:19

¿Qué significa ser un discípulo?

Desde el momento que recibió a Jesús como su Salvador, estoy seguro que ha tenido mil preguntas corriendo por su mente.

Preguntas como: ¿Quién es Jesús? ¿Qué es lo que se espera de mí ahora que soy un cristiano? Y, ¿qué significa ser un cristiano? Los capítulos que siguen le ayudarán a contestar estas preguntas importantes.

Un alumno

Todo aquel que desea ser un discípulo de Jesús necesita entender que un discípulo es un alumno. Como un discípulo del Señor Jesucristo, su prioridad es de conocer al Señor Jesús en una manera personal. Jesús es la razón por lo cual su vida ha cambiado y debemos tener un profundo deseo de hablar con Él, caminar con Él y de comprender Sus enseñanzas. Si va a conocer a Jesús en una manera personal, entonces tiene que poseer el deseo de aprender. Un discípulo es aquel que cree en Jesús y obedece las enseñanzas de Jesús. Para poder obedecer las enseñanzas de Jesús tenemos que poseer un deseo de conocer y entender Sus mandamientos. En otras palabras, necesitamos ser enseñables si vamos a ser discípulos de Jesucristo.

Jesús estaba enseñando este principio cuando dijo: "Vengan a mí todos ustedes que están cansados de sus trabajos y cargas, y yo los haré descansar. Acepten el yugo que les pongo, **y aprendan de mí,** que soy paciente y de corazón humilde; así encontrarán descanso" (Mateo 11:28,29 /D.H.H.). Preste atención a la frase "aprendan de mí". Cuando Cristo nos llamó a ser Sus discípulos, fue para aprender de Él. Tenemos que aprender Sus enseñanzas. Estudiar Su vida. Esto es una prioridad en la vida de aquel que desea ser discípulo de Jesucristo. Nunca vamos a poder conocer a Dios si no ponemos el esfuerzo al estudio de la Palabra de Dios que contiene las enseñanzas de Jesús.

Esta es la razón por la cual tiene que ser enseñable. Algunas personas se sienten incómodas recibiendo instrucciones de otras personas. Ser entrenado por otra persona, revela la ignorancia del alumno en el área del estudio. Esto va en contra de nuestra naturaleza humana. Es por eso que Jesús enseña que debemos de aprender de Su corazón *humilde*. Tenemos que ser humildes para aprender las enseñanzas de Cristo y así conocer de una manera personal a nuestro Señor Jesús. Las escrituras que siguen, confirman el mandato de Dios en esta área:

"Harás congregar al pueblo, varones y mujeres y niños, y tus extranjeros que estuvieren en tus ciudades, para que oigan y

aprendan, y teman a Jehová vuestro Dios, y cuiden de cumplir todas las palabras de esta ley; y los hijos de ellos que no supieron, oigan, **y aprendan a temer a Jehová** *vuestro Dios todos los días que viviereis sobre la tierra adonde vais, pasando el Jordán, para tomar posesión de ella" (Deuteronomio 31:12,13).*

"Y vendrán muchos pueblos, y dirán: Venid, y subamos al monte de Jehová, a la casa del Dios de Jacob; y nos enseñará sus caminos, y caminaremos por sus sendas. Porque de Sion saldrá la ley, y de Jerusalén la palabra de Jehová" (Isaías 2:3).

"Porque las cosas que se escribieron antes, **para nuestra enseñanza se escribieron,** *a fin de que, por la paciencia y la consolación de las Escrituras, tengamos esperanza" (Romanos 15:4).*

Aprenderá grandes cosas de Dios si desarrolla un corazón dispuesto a aprender. Ya que es un discípulo de Cristo, Dios está esperando enseñarle muchas cosas sobre la vida, sobre el enemigo, y sobre Él mismo. Nunca olvide que cada discípulo es un alumno que tiene que esforzarse para aprender las enseñanzas eternas de Dios.

Un seguidor

El segundo punto necesario para ser un discípulo de Jesús es su habilidad de seguirle. Un discípulo es un alumno y seguidor de Jesús. La razón por la cual tomamos el tiempo necesario para aprender las enseñanzas de Jesús, es porque queremos seguir o ser obedientes a ellas. Aprender sin obedecer nos descalificará de ser un discípulo de Cristo.

Una de las palabras que hemos usado para describir a los seguidores de Jesús es *cristiano*. La palabra cristiano significa adherente de Jesús. En otras palabras, un cristiano es una persona que cree y sigue las enseñanzas de Jesús. Un cristiano imita el carácter, filosofía y estilo de vida de Jesús. Entonces podemos concluir que el discipulado básico es cuando un estudiante sigue las enseñanzas y el estilo de vida de su maestro.

Jesús no era un extraño al concepto del discipulado. En nuestro texto base, Jesús llama a Pedro y Andrés y les dice: *"Vengan, síganme, y los haré pescadores de hombres."* En el día y la era en la cual Él caminó en la tierra, el concepto de estudiante-maestro era muy popular y usado por muchos en el campo de la educación. Ellos entendieron que el alumno que desea aprender de su maestro tiene que estar dispuesto a seguirle.

La razón por la cual menciono esto, es para que podamos entender que el discipulado fue encomendado por Jesús mismo, y es el método bíblico para el crecimiento espiritual. Es importante que usted entienda que es un estudiante y seguidor del Señor Jesucristo. Es la voluntad de Dios que usted aprenda las enseñanzas de Cristo y continué en Sus pasos. Es la voluntad de Dios que su vida refleje la imagen y semejanza de Cristo Jesús. Estos pasajes aumentarán su conocimiento en esta área:

*"**Sed, pues, imitadores de Dios** como hijos amados. **Y andad en amor, como también Cristo nos amó**, y se entregó a sí mismo por nosotros, ofrenda y sacrificio a Dios en olor fragante" (Efesios 5:1,2).*

"Porque conocemos, hermanos amados de Dios, vuestra elección; pues nuestro evangelio no llegó a vosotros en

palabras solamente, sino también en poder, en el Espíritu Santo y en plena certidumbre, como bien sabéis cuáles fuimos entre vosotros por amor de vosotros. ***Y vosotros vinisteis a ser imitadores de nosotros y del Señor****, recibiendo la palabra en medio de gran tribulación, con gozo del Espíritu Santo" (1 Tesalonicenses 1:4-6).*

"Sed imitadores de mí, así como yo de Cristo" (1 Cor. 11:1).

No se olvide que aquél que se considera ser un discípulo de Jesús tiene que aprender Sus enseñanzas y seguir Sus pisadas. Una de las formas que podemos lograr esto, es cuando imitamos la fe y vida de los líderes espirituales que Dios ha puesto en nuestra vida. Usted debe pedirle a su pastor que le asigne un maestro al cual usted le haga preguntas acerca de cualquier cosa que lea en la Biblia o en este libro. No se avergüence de hacer preguntas. El que no pide, no recibe.

La disciplina

El ingrediente final del discipulado es la disciplina. La disciplina es un aspecto clave del discipulado. Entre más disciplinado es usted, experimentará un nivel más alto de vida victoriosa. Es importante que usted inicie sus primeros pasos hacia la dirección correcta. Lo que haga en los primeros años de su vida cristiana determinará el estilo de vida que escogerá en el futuro. Para poder lograr éxito, debemos ejercitar la disciplina. La disciplina es un entrenamiento que corrige, moldea o perfecciona nuestras facultades mentales o carácter moral. Si deseamos ser un discípulo del Señor Jesús, entonces debemos ser entrenados para que nuestra mente y carácter puedan ser transformados a la imagen y semejanza de nuestro maestro Jesucristo. Como fue enseñado en el capítulo dos, la Biblia es nuestro manual de entrenamiento y nos formará a la semejanza de Jesús.

Por lo tanto, la disciplina es un entrenamiento que corrige, moldea o perfecciona nuestras facultades mentales o carácter moral. Y si la Biblia es nuestro manual de entrenamiento que nos formará a la semejanza de Jesús, entonces debemos aprender la Biblia leyéndola diariamente, asistiendo regularmente a la iglesia, e imitando la gran fe mostrada por los líderes que son como Cristo. La disciplina es algo clave. Mientras continúa leyendo este libro, tome la decisión de que se comprometerá al estudio de la Palabra diariamente, y asistirá a la iglesia regularmente. Recuerde que sus primeros pasos son importantes, ellos dictarán la manera en la cual usted caminará por el resto de su vida en la fe. Las escrituras que siguen nos enseñan la necesidad de la disciplina espiritual:

"¿No saben que en una carrera todos los corredores compiten, pero sólo uno obtiene el premio? Corran, pues, de tal modo que lo obtengan" (1 Corintios 9:24).

*"No es que ya lo haya conseguido todo, o que ya sea perfecto. Sin embargo, sigo adelante esperando alcanzar aquello para lo cual Cristo Jesús me alcanzó a mí. Hermanos, no pienso que yo mismo lo haya logrado ya. Más bien, una cosa hago: olvidando lo que queda atrás y esforzándome por alcanzar lo que está delante, **sigo avanzando hacia la meta** para ganar el premio que Dios ofrece mediante su llamamiento celestial en Cristo Jesús" (Filipenses 3:12-14).*

"Continuando su viaje a Jerusalén, Jesús enseñaba en los pueblos y aldeas por donde pasaba. —Señor, ¿son pocos los

que van a salvarse? —le preguntó uno. — Esfuércense por entrar por la puerta estrecha —contestó—, porque les digo que muchos tratarán de entrar y no podrán" (Lucas 13:22-24).

Quiero que note en el último texto que alguien le preguntó a Jesús si pocos iban a salvarse. Ya hemos mencionado que el enfoque primordial de este libro es de enseñar al nuevo creyente lo básico de la **salvación**. Antes de hacer un comentario sobre la pregunta que él hizo, vamos a aprender la definición de la palabra **salvación**, ya que vamos a mencionarla mucho en el resto del libro, y es importante que usted entienda su significado.

Salvación: *Liberación del alma del pecado y de la muerte*
Liberación: *Rescatar del peligro, libertar, liberar, soltar*

Por lo tanto, la salvación es cuando su alma ha sido rescatada y libertada del pecado y de la muerte. Esta fue la razón por la cual le felicité antes. Si usted ha recibido a Jesucristo como su Señor y Salvador, entonces ha experimentado la salvación. Usted ha sido rescatado de un estilo de vida pecaminoso que lleva a la muerte. Jesús le ha librado de la muerte eterna y le ha libertado de la esclavitud del pecado. Este es el mayor regalo de todos.

La siguiente es una nota importante en cuanto a la salvación. Desde el momento en que recibimos a Jesús como Señor, somos rescatados del poder y la culpa moral que el pecado tiene sobre nosotros. Estamos siendo rescatados progresivamente de nuestros patrones de comportamiento y de nuestro carácter pecaminoso con el cual hemos crecido a través de nuestra vida, y al cual estamos acostumbrados. Entre mayores éramos cuando fuimos salvos, más hábitos pecaminosos poseíamos. Ahora, aunque ya somos cristianos, todavía tenemos que aprender a desarrollar la nueva vida que Dios nos ha dado. Esto es otra razón por la cual la disciplina es importante. La meta de cada discípulo es la de permitir que el Espíritu Santo le moldee a la semejanza de nuestro Señor Jesucristo

y esto no se llevará acabo si no estamos dispuestos a *"correr para obtener el premio que Dios ofrece y si no nos esforzamos por entrar por la puerta estrecha"*.

Entonces, ¿qué fue lo que Jesús estaba enseñando a la persona que quería saber cuántos iban a ser salvos? Le estaba enseñando que su enfoque no debe ser puesto sobre la cantidad de personas que van a ser salvas, sino debe enfocarse a hacer un esfuerzo mayor por entrar por la puerta estrecha. ¡Pues muchos tratarán y no podrán entrar!

Aprendiendo como Orar

"Padre nuestro que estás en los cielos, santificado sea tu nombre. Venga tu reino. Hágase tu voluntad, como en el cielo, así también en la tierra. El pan nuestro de cada día, dánoslo hoy. Y perdónanos nuestros pecados, porque también nosotros perdonamos a todos los que nos deben. Y no nos metas en tentación, más líbranos del mal"

Lucas 11:2-4

Un Modelo para la Oración

Ya que ha hecho el compromiso de ser un discípulo de nuestro Señor Jesucristo, tendrá la oportunidad de desarrollar una relación personal con Él, aprendiendo cómo orar. La oración es uno de los primeros pasos de cada discípulo. Existen muchas definiciones para la palabra oración. Oración es pedir, hacer una petición, suplicar, rogar y pedir ayuda de alguien[2]. La oración también es un esfuerzo intencional de comunicarse con Dios nuestro Creador. Es un momento especial en el cual usted mismo se separa de los afanes de la vida y pasa tiempo hablando con Dios. Entre más usted le habla a Él, más usted aprenderá sobre Él. Si no dedicamos tiempo comunicándonos con Dios en oración,

---

[2] Vine's complete expository dictionary, 1984.

entonces no vamos a poder conocerlo como se supone que lo conozcamos.

Quizás usted se está preguntando, "¿Cómo comienzo a orar y qué le digo a Dios?" Primero que nada, usted no se debe preocupar de la calidad de sus palabras, o del método de su oración en este momento. Aunque la Biblia nos enseña diferentes maneras de orar, lo más importante para usted en este punto de su nueva vida en Cristo, es el hecho de que Jesús quiere que usted le hable de cualquier manera que usted sepa. Él quiere que comparta sus sueños, sus preocupaciones y sus necesidades con Él, porque usted es importante para Dios.

El pasaje básico del capítulo fue dado por Jesús a Sus discípulos como un modelo para la oración, y le ayudará también, a desarrollar una vida de oración.

Nuestro Padre celestial

Primero que todo, note que Jesús dijo a los discípulos que debían dirigir sus oraciones a nuestro "Padre celestial". Cuando usted ore, debe empezar su oración identificando a quién le está orando (Dios su Padre celestial).

El orar a nuestro Padre celestial nos da un sentido de confianza. Cada vez que declaramos que Dios es nuestro Padre, estamos invocando la provisión y protección divina. La Biblia enseña claramente que Dios es Padre de los que le invocan:

"A pesar de todo, Señor, tú eres nuestro Padre; nosotros somos el barro, y tú el alfarero" (Isaías 64:8).

"Pues si ustedes siendo malos, saben dar cosas buenas a sus hijos, ¡cuánto más su Padre que está en el cielo dará cosas buenas a los que le pidan!" (Mateo 7:11).

"Y ustedes no recibieron un espíritu que de nuevo los esclavice al miedo, sino el Espíritu que los adopta como hijos y les permite clamar: ¡Abba! ¡Padre!" (Romanos 8:15).

Como creyente, ha sido adoptado en la familia de Dios y en esta nueva familia, Dios, el creador de los cielos y la tierra, es nuestro Padre. Ahora tiene el privilegio de pedir a Dios lo que necesita porque ha sido adoptado, espiritualmente hablando, por Dios, por la fe en Cristo Jesús. Como Dios es nuestro Padre, podemos contar con Él en dos funciones básicas: Provisión y protección. Como proveedor, usted puede estar seguro de que Dios suplirá todas sus necesidades (Filipenses 4:19). Como protector, podemos estar seguros que Dios nos guiará de todo mal pues escrito está: *"Si Dios es con nosotros, quién contra nosotros" (Romanos 8:31).*

Haciendo peticiones

Otro punto importante que Jesús le enseña a Sus discípulos se encuentra en el verso tres: *"El pan nuestro de cada día, dánoslo hoy"*. Esto nos enseña que, como hijos de Dios, tenemos la libertad de presentarnos ante la presencia de Dios y pedir cualquier cosa que necesitemos. Esto es importante porque durante su camino cristiano, quizás usted se encontrará en necesidad, y es importante que usted se sienta cómodo y confiado de que Dios desea suplir todo lo que necesitamos. ¡Todo lo que tenemos que hacer es pedir! Las escrituras que siguen confirmarán que podemos tener toda la confianza en Dios para pedir lo que necesitemos:

*"No se inquieten por nada; más bien, **en toda ocasión, con oración y ruego, presenten sus peticiones a Dios** y denle gracias. Y la paz de Dios, que sobrepasa todo entendimiento, cuidará sus corazones y sus pensamientos en Cristo Jesús" (Filipenses 4:6,7).*

*"Estén siempre alegres, **oren sin cesar,** den gracias a Dios en toda situación, porque esta es su voluntad para ustedes en Cristo Jesús" (1 Tesalonicenses 5:16-18).*

*"**Pidan, y se les dará;** busquen, y encontrarán; llamen, y se les abrirá. **Porque todo el que pide, recibe;** el que busca, encuentra; y al que llama, se le abre" (Mateo 7:7,8).*

Mientras desarrolla una relación con Dios nuestro Padre, descubrirá que Él siempre está disponible para escuchar sus peticiones. Dios es un Padre bueno, y como Padre bueno suplirá todo lo que Sus hijos necesitan. ¿Necesita algo? Pues tome un momento para presentar sus peticiones a Dios. Estoy seguro que Él le escuchará y le contestará conforme a su necesidad. Espere y verá que es cierto.

Pidiendo perdón

El último punto el cual quiero recalcar en la oración del Padre Nuestro, es el hecho de que Jesús le enseñó a Sus discípulos a pedirle a Dios perdón por sus pecados. Si se da cuenta, verá que el versículo dice: *"Y perdónanos nuestros pecados, porque también nosotros perdonamos a todos los que nos deben".*

Aunque usted ha dado su vida a Jesucristo, esto no significa que usted es perfecto y sin pecado. Todos somos pecadores, pero ahora tenemos el privilegio de ir a Dios en oración y pedirle perdón y Él nos perdonará. Algunos cristianos se sienten avergonzados cuando pecan y corren de Dios en vez de correr hacia Dios. La oración del Padre Nuestro nos enseña que podemos acudir a Dios no importa lo difícil que sean las circunstancias. El siempre estará allí para recibirnos, pues escrito está:

"Si confesamos nuestros pecados, Dios, que es fiel y justo, nos los perdonará y nos limpiará de toda maldad" (1 Juan 1:9).

"Quien encubre su pecado jamás prosperará; quien lo confiesa y lo deja, halla perdón" (Proverbios 28:13).

"Toda la gente de la región de Judea y de la ciudad de Jerusalén acudía a él. Cuando confesaban sus pecados, él los bautizaba en el río Jordán" (Marcos 1:5).

Mientras usted busca o hace el intento de conocer a Cristo de una manera personal, nunca olvide que la oración es una parte vital de su desarrollo cristiano. Entre más ore usted, más fácil se le hará. Recuerde que ya no está hablando con un extraño; está hablando con su Padre celestial. No se olvide de presentar todas sus necesidades a Él, y si ha cometido un pecado, pídale perdón y le limpiará de toda su maldad.

Conociendo Su Biblia

•••

Deseen con ansias la leche pura de la palabra, como niños recién nacidos. Así por medio de ella, crecerán en su salvación, ahora que han probado lo bueno que es el Señor.

1 Pedro 2:2,3
•••

Comida espiritual

Un paso vital en su desarrollo cristiano es la lectura de la Palabra. Su habilidad de conocer y entender la Palabra es clave para su éxito como un creyente. La Biblia revela los pensamientos, el carácter y los mandamientos de Dios (y mucho más). La Biblia es lo que Dios nos ha dado para nutrir y desarrollar nuestra alma. Piense sobre esto de esta manera. Su cuerpo necesita nutrición todos los días para crecer (naturalmente) de una forma saludable. De la misma manera, su alma necesita alimentarse regularmente de la Palabra de Dios para que usted pueda crecer (espiritualmente) de una forma saludable. En el texto base, nosotros somos motivados a *"desear con ansias la leche pura de la palabra"* y así por medio de ella *"crecerán en su salvación"*. Cuando estamos dedicados al estudio de la Biblia, seremos fortalecidos espiritualmente y creceremos en nuestra salvación. Jesús nos enseñó el valor de ser diligentes en el estudio de la Palabra cuando fue tentado en el desierto. Escuchemos su consejo:

"Jesús, lleno del Espíritu Santo, volvió del Jordán y fue llevado por el Espíritu al desierto. Allí estuvo cuarenta días y fue tentado por el diablo. No comió

*nada durante esos días, pasados los cuales tuvo hambre. Si eres el Hijo de Dios, le propuso el diablo, dile a esta piedra que se convierta en pan. Jesús le respondió: Escrito está: **No sólo de pan vive el hombre**" (Lucas 4:1-4).*

La versión Reina Valera dice así: *"No sólo de pan vivirá el hombre, **sino de toda palabra de Dios**"*. En otras palabras, nosotros no fuimos creados sólo para ser nutridos o sustentados por pan solamente. Debemos también pasar tiempo siendo nutridos por el pan espiritual de Dios.

Inspiración divina

Para recibir el beneficio completo de la Biblia, debemos entender lo que estamos leyendo. Leer la Biblia sin entenderla nos dejará sin la nutrición que nuestra alma necesita. Para poder entender lo que estamos leyendo, necesitamos estar familiarizados con la Biblia. Lo primero que debemos entender es que la Biblia es inspirada por Dios. Esto es lo que distingue la Biblia de todos los otros libros que han sido escritos. ¡Ésta es la misma Palabra de Dios! El Apóstol Pablo compartió esta verdad con Timoteo (su hijo espiritual) cuando dijo: *"Toda la escritura es inspirada por Dios y útil para enseñar, para reprender, para corregir y para instruir en la justicia, a fin de que el siervo de Dios esté enteramente capacitado para toda buena obra" (2 Timoteo 3:16,17).*

La frase *"inspirada por Dios"* significa que las Sagradas Escrituras fueron sopladas por Dios y entraron en las mentes de los hombres por el Espíritu Santo[3]. En otras palabras, hombres santos y escogidos por Dios recibieron la inspiración divina y escribieron lo que recibieron para el beneficio de toda la humanidad. Ellos escribieron la Palabra de Dios en tablas de piedra, piel de oveja, piel de cabra, papiros y pergaminos. Pedro confirmó que la Biblia fue inspirada por Dios cuando declaró: *"Ante todo, tengan muy presente **que ninguna profecía de la Escritura surge de la interpretación particular de nadie. Porque la profecía no ha tenido su origen en la voluntad humana,** sino que los profetas hablaron de parte de Dios, impulsados por el Espíritu Santo" (2 Pedro 1:20,21).*

Familiarizándose con la Biblia

Mientras sigue estudiando su Biblia, descubrirá que se divide en dos secciones: El Antiguo Testamento y el Nuevo Testamento. La palabra **testamento** se define como pacto, y significa promesa y acuerdo. Dentro de las páginas de la Biblia, encontrará promesas preciosas hechas por Dios que le motivarán a seguir este camino de la fe.

El Antiguo Testamento contiene 39 libros y el Nuevo Testamento trae 27 libros. Los libros del Antiguo Testamento fueron recopilados oficialmente en el año 90 D.C. en el concilio de Jamnia[4]. Los libros del Nuevo Testamento fueron recopilados en el año 367 D.C., y fueron declarados

---

[3] Ralph Earle, *How we got our Bible*, 11.
[4] Ralph Earle, *How we got our Bible*, 34.

oficialmente como la Palabra de Dios, por la iglesia, en el año 397 D.C. en el concilio de Cartagena[5]. Antes de que se hiciera esta colección oficial (canon) había muchos libros y cartas circulando y no había una indicación clara de la ley de Dios. Entonces, Dios ordenó la unión de hombres que le temían a Él, para separar los libros inspirados de los que no eran inspirados, y el resultado fue lo que ahora llamamos la Santa Biblia.

El Antiguo Testamento

El Antiguo Testamento es básicamente igual que la Biblia Hebrea usada por los judíos y contiene tres secciones: La ley, los profetas y los escritos. "**La Ley**" fue escrita por Moisés y contiene los primeros cinco libros de la Biblia. Estos son: Génesis, Éxodo, Levítico, Números y Deuteronomio. Las escrituras que siguen revelan cómo Dios inspiró a Moisés para comunicar la ley a Israel.

"Los israelitas llegaron al desierto de Sinaí a los tres meses de haber salido de Egipto. Después de partir de Refidín, se internaron en el desierto de Sinaí, y allí en el desierto acamparon, frente al monte, al cual subió Moisés para encontrarse con Dios. Y desde allí lo llamó el Señor y le dijo: ***Anúnciale esto al pueblo de Jacob; declárale esto al pueblo de Israel:*** *Ustedes son testigos de lo que hice con Egipto, y de que los he traído hacia mí como sobre alas de águila. Si ahora ustedes me son del todo obedientes, y cumplen mi pacto, serán mi propiedad exclusiva entre todas las naciones. Aunque toda la tierra me pertenece, ustedes serán para mí un reino de*

---

[5] Ralph Earle, *How we got our Bible*, 42.

sacerdotes y una nación santa. **Comunícales todo esto a los israelitas"** *(Éxodo 19:1-6).*

"Moisés fue y refirió al pueblo todas las palabras y disposiciones del Señor, y ellos respondieron a una voz: Haremos todo lo que el Señor ha dicho. ***Moisés puso entonces por escrito lo que el Señor había dicho.*** *A la mañana siguiente, madrugó y levantó un altar al pie del monte, y en representación de las doce tribus de Israel consagró doce piedras. Luego envío a unos jóvenes israelitas para que ofrecieran al Señor novillos como holocaustos y sacrificios de comunión. La mitad de la sangre la echó Moisés en unos tazones, y la otra mitad la roció sobre el altar.*

Después tomó el libro del pacto y lo leyó ante el pueblo, *y ellos respondieron: Haremos todo lo que el Señor ha dicho, y le obedeceremos. Moisés tomó la sangre, roció al pueblo con ella y dijo: Esta es la sangre del pacto que, con base en estas palabras, el Señor ha dicho con ustedes" (Éxodo 24: 3-8).*

La segunda sección del Antiguo Testamento se conoce como **"Los Profetas"**, y contiene el libro de Josué, Jueces, 1&2 de Samuel, 1&2 de Reyes, Isaías, Jeremías, Ezequiel, Oseas, Joel, Amós, Abdías, Jonás, Miqueas, Nahúm, Habacuc, Sofonías, Hageo, Zacarías y Malaquías.

La última sección del Antiguo Testamento se conoce como **"Los Escritos"** y contiene los Salmos, Proverbios, Job, Cantar de los Cantares, Rut, Lamentaciones, Eclesiastés, Ester, Daniel, Esdras, Nehemías y 1&2 de Crónicas.

Antes de revisar el Nuevo Testamento, es importante mencionar que la Biblia Católica contiene 14 libros adicionales que se conocen como los libros "**Apócrifos**". Apócrifo significa escondido. La iglesia protestante declaró que estos libros no son inspirados y no deben ser considerados como la Palabra de Dios por sus contradicciones[6].

El Nuevo Testamento

El Nuevo Testamento se puede dividir de diferentes maneras. Por la causa de nuestro estudio, vamos a considerar cuatro partes básicas: los Evangelios, los Hechos, las Epístolas y el Apocalipsis.

"**Los Evangelios**" incluyen el libro de Mateo, Marcos, Lucas y Juan y contienen las enseñanzas de Jesucristo. Estos son los primeros cuatro libros del Nuevo Testamento y deben ser los primeros libros que el cristiano debe leer y entender.

El "**Libro de los Hechos**", contiene el ministerio de los apóstoles en el primer siglo. Ellos viajaban de ciudad en ciudad demostrando el poder del Espíritu Santo con la predicación del Evangelio, con la formación de discípulos y en el establecimiento de nuevas iglesias en todas partes.

"**Las Epístolas**" se dividen en las que fueron escritas por el Apóstol Pablo (**Epístolas Paulinas**) y las que fueron escritas por otros apóstoles (**Epístolas Generales**). Las Epístolas fueron escritas para instruir y motivar a los creyentes en las iglesias y ciudades. Las Epístolas Paulinas y Generales

---

[6] Como el libro de Tobías que enseña que las ofrendas dados por los cristianos tienen el poder de perdonar pecados.

incluyen al libro de Gálatas, 1 & 2 de Tesalonicenses, 1&2 de Corintios, Romanos, Efesios, Colosenses, Filemón, Filipenses, 1 & 2 Timoteo, Tito, Santiago, Hebreos, 1 & 2 Pedro, Judas y 1, 2 & 3 Juan.

La sección final del Nuevo Testamento es el "**Libro de Apocalipsis**". El Apocalipsis fue escrito por el Apóstol Juan y es un libro profético que revela aquellas cosas que *"pronto pasarán aquí en la tierra" (Apocalipsis 1:1)*. Este libro contiene mucho simbolismo y no debe ser estudiado por un nuevo convertido. Para que un discípulo entienda lo que está escrito en el libro de Apocalipsis, tiene que entender otros libros en la Biblia (primero) que le ayudarán a entender lo que ella enseña.

En conclusión, voy a compartir con usted la importancia del conocimiento bíblico con las siguientes escrituras. Ellas confirman el hecho de que cada creyente necesita dedicar tiempo al estudio de la Palabra de Dios para poder crecer en la gracia y el conocimiento de nuestro Señor Jesucristo.

*"Esfuérzate por presentarte a Dios aprobado, como obrero que no tiene de qué avergonzarse y **que interpreta rectamente la palabra de verdad**" (2 Timoteo 2:15)*.

*"Éstos eran de sentimientos más nobles que los de Tesalónica, de modo que recibieron el mensaje con toda avidez y **todos los días examinaban las Escrituras** para ver si era verdad lo que se les anunciaba" (Hechos 17:11)*.

"Porque todo mortal es como la hierba, y toda su gloria como la flor del campo; la hierba se seca y la flor se cae, pero la palabra del Señor permanece para siempre (1 Pedro 1:24,25).

Alabanza y Adoración

Más la hora viene, y ahora es, cuando los verdaderos adoradores adorarán al Padre en espíritu y en verdad; porque también el Padre tales adoradores busca que le adoren. Dios es Espíritu; y los que le adoran, en espíritu y en verdad es necesario que adoren.

Juan 4:23, 24

Intimidad espiritual

La intimidad es una de las maneras en que las parejas casadas expresan su amor el uno por el otro. Es definida como una amistad íntima, familiaridad, relación de intimidad y un compartir[7]. La intimidad espiritual con Dios es similar en el sentido de que Jesús desea ser, de muchas maneras, su mejor amigo. Dios le está llamando a desarrollar una relación más cercana y profunda con Él. Dios quiere revelarse a usted por sí mismo para que pueda conocerle en una manera personal. Ya hemos discutido en capítulos previos a éste, que el enfoque primordial de su entrenamiento de discipulado es el de acercarse a Cristo. Hemos aprendido que la oración y el estudio de las Sagradas Escrituras (la Biblia) fortalecen nuestra comunión con Jesús. La alabanza y

---

[7] Webster's New American Dictionary, 1947.

adoración son otra disciplina espiritual que te ayudará a acercarte más a tu Salvador.

Principios de la alabanza y la adoración Creados para adorar

Si ha comenzado a visitar una iglesia, de seguro ya ha comenzado a escuchar los sonidos de alabanza y adoración durante la parte del servicio del devocional. Si su experiencia es similar a la mía, disfruta de la melodía del grupo de adoración levantando sus voces en armonía acompañado por una banda de músicos unidos en ritmo y sonido, levantando una preciosa melodía de alabanza al Señor. También puede escuchar las voces de la congregación cantando alegremente al Dios que los redimió. En casi todas las iglesias, esta experiencia toma lugar en la primera parte del servicio y usualmente se le llama el "tiempo de adoración". Mientras crece en su fe, también comenzará a sentir el deseo de alabarle. Comenzará a sentirse de esta manera porque usted fue creado para adorar a Dios. Este principio de alabanza se encuentra en el libro de Éxodo. En el capítulo veinte, el Señor revela Su ley (los Diez Mandamientos), a los hijos de Israel a través de su líder Moisés y en los versículos del cuatro a seis el habla acerca de la adoración:

"No te harás imagen, ni ninguna semejanza de lo que esté arriba en el cielo, ni abajo en la tierra, ni en las aguas debajo de la tierra. No te inclinarás a ellas, ni las honrarás; porque yo soy Jehová tu Dios, fuerte, celoso, que visito la maldad de los padres sobre los hijos hasta la tercera y cuarta generación de los que me aborrecen, y hago misericordia a millares, a los que me aman y guardan mis mandamientos" (Éxodo 20:4-6).

Note que Dios les mandó a no adorar ídolos porque Él es "celoso". La adoración a cualquier otra cosa que no sea Dios se conoce como "idolatría" y a nosotros se nos prohíbe estrictamente tomar parte en esto. Aquellos, quienes practican la idolatría van a sufrir serias consecuencias y nuestro Dios amoroso quiere protegernos de un sufrimiento innecesario (vea Deuteronomio 8:19). La Biblia nos enseña claramente y nos advierte que Dios odia la idolatría y espera que nosotros le adoremos a Él y solamente a Él. Jesús habló de esto durante Su batalla con el diablo en el desierto:

"Entonces Jesús fue llevado por el Espíritu al desierto, para ser tentado por el diablo. Y después de haber ayunado cuarenta días y cuarenta noches, tuvo hambre. Y vino a él el tentador, y le dijo: Si eres Hijo de Dios, di que estas piedras se conviertan en pan...Entonces Jesús le dijo: Vete, Satanás, porque escrito está: Al Señor tu Dios adorarás, y a él sólo servirás" (Mateo 4:1-3).

Durante esta historia bíblica el diablo tienta a Jesús tres veces. La tentación final fue la idolatría y su respuesta afirma la historia bíblica en Éxodo nuevamente confirmando que fuimos creados para adorar a Dios y nada más que a Él.

Idolatría espiritual

Como mencioné antes, la idolatría es la adoración de cualquier otra cosa que no sea el único y verdadero Dios, quien creó los cielos y la tierra. Pero, quizás usted no sabía que la idolatría es más que humillarse o poner su fe en un objeto. Durante el

Antiguo Testamento, la adoración de dioses falsos estaba prevaleciente en las culturas paganas.

Ésta les daba a sus participantes un falso sentido de seguridad, placer y satisfacción. Dios continuamente le advertía a Su pueblo que evitara la interacción con los gentiles porque su estilo de vida tenía el potencial de contaminarlos. En la sociedad de hoy, el pueblo de Dios se confronta más a menudo con la tentación de la idolatría espiritual más que con la idolatría física, especialmente cuando ponemos más prioridad en cualquier otra cosa que no sea nuestra relación con Dios. Cuando nuestra relación con nuestro Señor Jesucristo es puesta atrás por cosas como la política, nuestras carreras, servicios sociales, familia, el placer humano o aún el ministerio, entonces, desafortunadamente, hemos sido seducidos por un espíritu de idolatría. El Apóstol Pablo motiva a la iglesia a huir de este tipo de idolatría en sus cartas a los Corintios y los Colosenses:

"Más estas cosas sucedieron como ejemplos para nosotros, para que no codiciemos cosas malas, como ellos codiciaron. **Ni seáis idólatras**, *como algunos de ellos, según está escrito: Se sentó el pueblo a comer y a beber, y se levantó a jugar. Ni forniquemos, como algunos de ellos fornicaron, y cayeron en un día veintitrés mil. Ni tentemos al Señor, como también algunos de ellos le tentaron, y perecieron por las serpientes. Ni murmuréis, como algunos de ellos murmuraron, y perecieron por el destructor... Por tanto, amados míos,* **huid de la idolatría**" *(1 Corintios 10:6-10,14).*

"Haced morir, pues, lo terrenal en vosotros: fornicación, impureza, pasiones desordenadas, malos deseos y avaricia, que es idolatría" (Colosenses 3:5).

Note la lista de comportamiento desobediente la cual Dios identifica como idolatría: inmoralidad sexual (fornicación), pasiones desordenadas, malos deseos, avaricia, glotonería, el probar a Dios, el murmurar y el quejarse. Quizá nunca pensó que estas cosas eran actos de idolatría porque cuando piensa en la idolatría, quizá lo que llega a su mente es la imagen de alguien postrándose ante una estatua. Eso es idolatría física. Ahora ha aprendido que necesita evitar tanto los peligros de idolatría espiritual, así como los peligros de idolatría física.

Todos los creyentes están en peligro de ser seducidos por la idolatría si ellos permiten que los afanes de este mundo ahoguen su pasión por Cristo. Jesús exhortó a sus discípulos a *"buscar primeramente el Reino de Dios y su justicia y todas las demás cosas vendrán por añadidura" (Juan 6:33)*. Buscar primeramente significa tener más prioridad en el Reino de Dios que sobre cualquier otra cosa. Todas *"estas cosas"*, se refiere a cualquier otra área de necesidad en su vida. Siempre que usted mantenga una relación saludable con Dios y lo ponga a Él sobre cualquier otra cosa, entonces lo material, emocional y las necesidades sociales en su vida, todas éstas serán suplidas por su amado Salvador.

Verdadera adoración

El verso principal de la Biblia al principio de este capítulo explica un encuentro en el pozo de Jacob. Jesús le dijo a la mujer samaritana que Dios estaba buscando adoradores quienes le adoren *"en espíritu y verdad"*. Para poder lograr esto, tenemos que tratar de entender qué significa ser un verdadero adorador y entonces, permitirle al Señor desarrollar un corazón de adoración dentro de nuestra alma.

Primero que todo, el discípulo debe saber que hay una diferencia práctica entre alabanza y adoración (aunque, estos términos pueden ser intercambiables). Cuando alabamos a Dios estamos dándole gracias por todas las cosas que Él ha hecho por nosotros. Le alabamos por nuestra familia, nuestro trabajo, nuestra salvación, por cualquier otra cosa que podamos recordar como un acto de apreciación por todas las cosas maravillosas que Él ha hecho. Este punto es confirmado claramente en el libro de los Salmos:

*"Te alabaré para siempre, porque **lo has hecho así**; Y esperaré en tu nombre, porque es bueno, delante de tus santos" (Salmos 52:9).*

"Voluntariamente sacrificaré a ti; Alabaré tu nombre, oh Jehová, porque es bueno. **Porque él me ha librado** *de toda angustia, Y mis ojos han visto la ruina de mis enemigos" (Salmos 54:6,7).*

Estas escrituras nos enseñan que cuando alabamos a Dios, le damos gracias por lo que Él ha hecho. Por otro lado, la adoración, es darle las gracias a Dios por quien Él es. Es cuando le exaltamos no necesariamente por lo que Él ha hecho, sino por Sus atributos más excelentes. Este es el nivel más alto de alabanza, porque éstas son épocas en la vida del creyente donde parece que Dios no estuviese haciendo nada. En que oramos y buscamos Su rostro y Dios permanece en silencio. Si nos estancamos en adorarle solamente por Sus obras, entonces, en los momentos cuando parece que Dios no está activamente envuelto en nuestra vida, quizás nos vamos a desanimar y cesar de adorarle.

Pero Dios es digno de ser alabado aún, cuando no haga lo que usted quiere. Un adorador no necesita que Dios haga algo para poder dar gracias. Un adorador ha recibido conocimiento de que a él o a ella se le ha dado acceso libre a ese único Dios. Acceso al Creador del universo. Un adorador bendice a Dios porque Él es el Alfa y el Omega. Porque Él es el Príncipe de Paz. Porque Él es omnisciente, omnipotente y omnipresente. Sí, debemos alabar a Dios por lo que Él ha hecho, pero también debemos adorar a Dios por quien Él es:

"Venid, adoremos y postrémonos; Arrodillémonos delante de Jehová nuestro Hacedor. **Porque él es nuestro Dios;** *Nosotros el pueblo de su prado, y ovejas de su mano" (Salmos 95:6,7).*

"Los veinticuatro ancianos se postran delante del que está sentado en el trono, y adoran al que vive por los siglos de los siglos, y echan sus coronas delante del trono, diciendo: **Señor, digno eres de recibir la gloria y la honra y el poder;** *porque tú creaste todas las cosas, y por tu voluntad existen y fueron creadas" (Apocalipsis 4:10,11).*

Aunque la alabanza y adoración usualmente requieren el cantar, en esencia, es mucho más que meramente cantar. De hecho, todo el que canta, no necesariamente está adorando a Dios, aunque lo esté haciendo dentro de la iglesia. Jesús le trató de explicar esto a los fariseos y maestros de la ley cuando dijo: *"Esta gente de labios me honran; pero sus corazones están lejos de mí. Ellos me adoran en vano; sus enseñanzas no son más que dogmas enseñadas por hombres" (Mateo 15:8,9).*

La verdadera adoración es más que un acto pío y religioso de devoción. Es un esfuerzo intencional para honrar a Dios y fluye del corazón de un creyente quien está agradecido por las cosas que Él ha provisto. La adoración es intimidad espiritual. Es la experiencia de perderse en la presencia de un Dios Santo que le ha invitado a conocerle, sentirle y donde puede sentir Su sentido de sanidad, cuidado y Su toque de **fortaleza** dentro de usted. La verdadera adoración es un compromiso obediente y voluntario a la causa de Cristo, aún al riesgo de perder las cosas que son más preciosas para usted, como Abraham a quien Dios le pidió a su hijo, su único hijo Isaac, a quien él amaba, como un sacrificio al Señor.

Esto que Dios le pidió parecía ir en contra de la naturaleza de un Dios quien cuidaba y era amoroso, sin embargo, Abraham no le preguntó ni discutió con Él. Abraham sólo se levantó temprano en la mañana y viajó con su hijo y sus sirvientes hacia el lugar que Dios le había mandado que fuese. Cuando ellos llegaron, Abraham les dijo a sus sirvientes: *"Qué dense aquí con el burro mientras yo y el niño vamos allá. Nosotros **adoraremos** y luego regresaremos a ustedes" (Génesis 22:5).*

Nota que el acto de adoración de Abraham tuvo muy poco que ver con cantar y todo que ver con obediencia, fe y sacrificio. Este es el corazón de la verdadera **adoración**. Ir delante del trono de gracia por fe, en obediencia, dispuestos a hacer lo que Dios requiere de nosotros. Usted podrá experimentar todo esto, sin cantar una nota. En conclusión, repasemos algunas maneras bíblicas básicas para alabar y adorar a Dios.

Maneras de Adorar

Levantando su voz – Aunque hemos aprendido que cantar solamente, necesariamente no nos garantiza que estamos adorando a Dios, la Biblia claramente nos enseña que el levantar nuestras voces ante Dios en canción y adoración es una parte de adoración bíblica.

"Bendeciré a Jehová en todo tiempo; Su alabanza estará de continuo en mi boca. En Jehová se gloriará mi alma; Lo oirán los mansos, y se alegrarán. Engrandeced a Jehová conmigo, Y exaltemos a una su nombre" (Salmo 34:1-3).

"Para ver tu poder y tu gloria, Así como te he mirado en el santuario. Porque mejor es tu misericordia que la vida; Mis labios te alabarán" (Salmo 63:2,3).

"Aclamad a Dios con alegría, toda la tierra. Cantad la gloria de su nombre; Poned gloria en su alabanza" (Salmo 66:1, 2).

<u>Aplaudiendo y levantando sus manos</u> – Sus manos son un instrumento de alabanza al Señor. Cuando aplaude, está aplaudiéndole por quien Él es y lo que ha hecho. Cuando usted levanta sus manos hacia al cielo, está reconociendo la existencia, soberanía y el gran poder de Dios.

"Extendí mis manos a ti, Mi alma a ti como la tierra sedienta" (Salmo 143:6).

"Pueblos todos, batid las manos; Aclamad a Dios con voz de júbilo. Porque Jehová el Altísimo es temible; Rey grande sobre toda la tierra" (Salmo 47:1, 2).

"Mirad, bendecid a Jehová, Vosotros todos los siervos de Jehová, Los que en la casa de Jehová estáis por las noches. Alzad vuestras manos al santuario, Y bendecid a Jehová" (Salmo 134:1, 2).

Arrodillándose y humillándose – El arrodillarse y humillarse es un acto de reverencia y rendimiento a nuestro Señor Jesucristo quien, es el Dios más alto. Cuando hacemos esto, estamos bendiciendo Su nombre y declarando Su Soberanía sobre nuestra vida.

"Venid, adoremos y postrémonos; Arrodillémonos delante de Jehová nuestro Hacedor. Porque él es nuestro Dios; Nosotros el pueblo de su prado, y ovejas de su mano" (Salmo 95:6, 7).

"Por lo cual Dios también le exaltó hasta lo sumo, y le dio un nombre que es sobre todo nombre, para que en el nombre de Jesús se doble toda rodilla de los que están en los cielos, y en la tierra, y debajo de la tierra; y toda lengua confiese que Jesucristo es el Señor, para gloria de Dios Padre" (Filipenses 2:9-11).

"Y los cuatro seres vivientes tenían cada uno seis alas, y alrededor y por dentro estaban llenos de ojos; y no cesaban día y noche de decir: Santo, santo, santo es el Señor Dios Todopoderoso, el que era, el que es, y el que ha de venir. Y siempre que aquellos seres vivientes dan gloria y honra y acción de gracias al que está sentado en el trono, al que vive por los siglos de los siglos, los veinticuatro ancianos se postran delante del que está sentado en el trono, y adoran al que vive por los siglos de los siglos, y echan sus coronas delante del trono, diciendo: Señor, digno eres de recibir la gloria y la honra y el poder; porque tú creaste todas las cosas, y por tu voluntad existen y fueron creadas" (Apocalipsis 4:8-11).

Con instrumentos y danza – La Biblia nos enseña a incluir instrumentos como una parte de nuestra experiencia de adoración. Esto anima a aquellos alrededor de nosotros a unirse a la celebración. La atmósfera de música de alabanza va a motivar a la gente de Dios a danzar ante la presencia del Señor con alegría y exaltación. Tome un minuto para repasar todos los instrumentos mencionados en el Salmo 150:

"Alabad a Dios en su santuario; Alabadle en la magnificencia de su firmamento. Alabadle por sus proezas; Alabadle conforme a la muchedumbre de su grandeza. Alabadle a son de bocina; Alabadle con salterio y arpa. Alabadle con pandero y danza; Alabadle con cuerdas y flautas. Alabadle con címbalos resonantes; Alabadle con címbalos de júbilo. Todo lo que respira alabe a JAH. Aleluya".

En conclusión, quiero motivarle a que personalmente, desarrolle un corazón de adoración. Tome ventaja de cada oportunidad que le sea dada. No se preocupe demasiado por cuán bueno o malo pueda sonar. Siempre recuerde que fue creado para adorar a Dios y entre más aprenda acerca de Él, más motivado estará para alabarle con toda su vida. Como está escrito: *"Ofrezcamos continuamente a Dios sacrificio de alabanza, el fruto de labios que confiesa su nombre" (Hebreos 13:15).*

La Necesidad de Salvación

*Por cuanto todos pecaron,
y están destituidos de la gloria de Dios.*

Romanos 3:23

Entendiendo la Necesidad de Salvación

Un sábado en la mañana fui con un grupo de jóvenes muy entusiasta a tomar una encuesta sobre la vida después de la muerte. Nosotros le preguntamos a grupos de distintas edades la siguiente pregunta: "¿Cómo podemos llegar al cielo?" De todas las repuestas que recibimos, las tres más populares fueron: "Tienes que ser bueno", "tienes que asistir a una iglesia", y "tienes que creer en la existencia de Dios". Esto es lo que mucha gente cree hoy. Muchos están convencidos que, si hacen más bien que mal, se ganarán un asiento en el cielo. Esto, por supuesto, es contrario a lo que la Biblia enseña. Abramos las Escrituras y aprendamos sobre lo que dice Dios sobre este tema, y así descubriremos la *necesidad de la salvación*.

Todos han pecado

Para entender la necesidad de la salvación, debemos mirar la posición espiritual del hombre ante los ojos de Dios. Si pudiéramos vernos a nosotros mismo de la manera que Dios nos ve, podríamos comenzar a entender nuestra necesidad. La Biblia nos enseña que todos los seres humanos son pecadores y necesitan ser libertados de sus pecados. La razón por la cual todos los seres humanos son pecadores es porque heredaron una naturaleza pecaminosa de Adán y Eva. Esta *naturaleza pecaminosa* hace que pequemos naturalmente, o para expresarlo de otra manera, cometer pecado es parte de nuestra naturaleza humana. Consideremos lo que dice la Biblia:

"En verdad, soy malo desde que nací; soy pecador desde el seno de mi madre" (Salmo 51:5 / D.H.H.).

*"Así pues, por medio de un solo hombre entró el pecado en el mundo y por el pecado entró la muerte, **y así la muerte pasó a todos porque todos pecaron**. Es decir, que, por la desobediencia de un solo hombre, muchos fueron hechos pecadores; pero, de la misma manera, por la obediencia de un solo hombre, muchos serán hechos justos" (Romanos 5:12,19 /D.H.H.).*

Claramente la Biblia revela que todo el mundo posee una naturaleza pecaminosa que le tienta a pecar. La naturaleza pecaminosa es el impulso, deseo, o tendencia a hacer lo malo ante los ojos de nuestro Creador. Quizás estas preguntando: "¿Que es pecado?" La Biblia enseña que pecado es el rompimiento de los mandamientos de Dios (1 Juan 3:4), y es saber hacer el bien y no hacerlo (Santiago 4:17). Entonces, pecamos cuando rompemos los mandamientos de Dios y cuando no hacemos lo que Él requiere, por lo qué, la Biblia dice que todos nosotros somos pecadores.

Esto nos lleva al segundo punto. Note la palabra **todos**. **Todos**, significa todo el mundo. No deja lugar para escape. Todo el mundo está incluido. Esto revela una sentencia personal, ¡culpable por cargos! ¿Por qué es tan significante? Porque todos nos incluye a usted y a mí. Echemos un vistazo a los siguientes versículos de las Escrituras y note la palabra **todos**:

*"**Todos nosotros** nos descarriamos como ovejas, cada cual se apartó por su camino; más Jehová cargó en él el pecado de todos nosotros"* (Isaías 53:6).

*"Pero **todos se han desviado**, todos por igual se han pervertido. ¡Ya no hay quien haga lo bueno! ¡**No hay ni siquiera uno!**"* (Salmo 53:3 / D.H.H.)

*"**Todos nosotros** somos como un hombre impuro; todas nuestras buenas obras son como un trapo sucio; **todos hemos caído** como hojas marchitas, y nuestros crímenes nos arrastran como el viento"* (Isaías 64:6).

La Biblia es clara, concerniente a nuestra condición espiritual sin Cristo, pero en caso de que usted todavía crea que todos somos básicamente gente buena, Dios nos dio algo llamado los Diez Mandamientos para ayudarnos a medir nuestro código de conducta con sus reglas sagradas. Repasémos los brevemente.

LOS DIEZ MANDAMIENTOS

Éxodo 20:1-17
*No tendrás dioses ajenos delante de mí.
*No te harás imagen, ni ninguna semejanza de lo que esté arriba en el cielo, ni abajo en la tierra, ni en las aguas debajo de la tierra. No te inclinarás a ellas, ni las honrarás.

*No tomarás el nombre de Jehová tu Dios en vano.

*Acuérdate del día de reposo para santificarlo.

*Honra a tu padre y a tu madre, para que tus días se alarguen en la tierra que Jehová tu Dios te da.

*No matarás.
*No cometerás adulterio.
*No hurtarás.
*No hablarás contra tu prójimo falso testimonio.
*No codiciarás la casa de tu prójimo.

Dios nos dio estos mandamientos para ayudarnos a identificar el pecado. Debe ser fácil para nosotros el compararnos con alguien cuando creemos que somos mejor que esa persona, pero éstas no son las reglas que Dios nos dio. Cuando se trata de saber si somos aptos para ir al cielo, tenemos que medirnos con las reglas de la eternidad. ¿Ha roto usted alguno de los Diez Mandamientos últimamente? Si usted es honesto consigo mismo, su respuesta será sí y estará un paso más cerca de ver su necesidad de salvación. Si su repuesta es no, entonces este es un verso de la Biblia el cual debe considerar.

"Si decimos que no tenemos pecado, nos engañamos a nosotros mismos, y la verdad no está en nosotros" (1 Juan 1:8).

La primera razón por la cual necesitamos ser salvos es porque todos somos pecadores. Como Dios nuestro creador es Santo, nos confrontamos con el problema de estar eternamente separados de Dios. El ser bueno no resuelve el problema, el asistir a la iglesia no nos salvará. Y una creencia intelectual de Dios no cambia nuestra condición espiritual. De acuerdo a la Biblia, todos han pecado y todos necesitan ser salvos.

La paga del pecado es muerte

Ahora que hemos establecido el fundamento que prueba que todos los seres humanos son pecadores y tienen la tendencia a hacer lo malo por naturaleza, podemos comenzar a examinar algunas de las consecuencias espirituales que les preceden.

Hay una ley natural que fue descubierta algún tiempo atrás, la cual declara que por cada acción hay una reacción[8]. Comparemos esta ley natural con una verdad espiritual. La Biblia declara que *"la paga del pecado es muerte, mientras que la dádiva de Dios es vida eterna en Cristo Jesús, nuestro Señor" (Romanos 6:23)*. Otra traducción (Versión Amplificada) expresa que la penalidad del pecado es muerte. Lo que esto significa es que Dios ha establecido una penalidad de muerte espiritual legal por el pecado. La penalidad es muerte. El profeta Ezequiel confirma esto cuando dijo que *"la persona que pecare morirá" (Ezequiel 18:4)*.

Este principio no es nada nuevo. Éstas fueron las reglas que Dios le dio a Adán en el Jardín. El Creador le dijo a Su creación: *"De todo árbol del jardín podrás comer libremente: Pero del*

---

[8] Newton's third law of motion

árbol de la ciencia del bien y el mal no deberás comer. Porque el día que comiereis de él, ciertamente morirás" (Génesis 2:16, 17). Esto es lo que hace que nuestra condición sea seria. De acuerdo a la ley de Dios, todo aquél que pecare morirá. La muerte es lo opuesto a la vida. Es separación de la vida. Por esto es que nos sentimos solos cuando rompemos las leyes de Dios. Cada vez que perdemos la meta[9], nos sentimos lejos de nuestro Creador y tratamos de escondernos de Dios como Adán. Si usted peca y está asistiendo a la iglesia, se sentirá tentado a comenzar a perderse los servicios, y comenzará a sentirse aislado y separado de la presencia de Dios. ¿Por qué? Porque esto es lo que hace el pecado. El pecado nos separa de un Dios santo, y si nos separamos de Él, nos puede matar. Esto es lo que hace a la salvación, una necesidad. Es una cuestión de vida o muerte, ¡y la vida a la cual me refiero es la suya! Si la acción es el pecado, entonces la reacción será la muerte.

Considere esta ilustración. Usualmente hay un semáforo de tránsito en la esquina de cada intersección muy transitada en la ciudad. El semáforo es colocado allí para la seguridad de los motoristas, así como de los que transitan en el lugar. Si un conductor pasa la luz roja, él está exponiendo su vida y la vida de otros en peligro. Sus acciones pueden causar un accidente y las personas envueltas pueden sufrir físicamente tanto como emocionalmente e incluso podrían perder su vida. Si el recibe una infracción, él tendrá que ir a la corte y pagar una multa. Algo similar sucede en la realidad espiritual. Podemos comparar el semáforo con la Biblia. Así como la luz roja, la Palabra de Dios nos advierte sobre las penalidades del pecado. Aquellos que escogen el no hacer caso sumiso de la Palabra, estarán sujetos a sufrir las consecuencias de su desobediencia.

---

[9] Vine's complete expository dictionary, 1984.

Algunos quizás sufrirán emocionalmente, otros sufrirán físicamente y algunos terminarán perdiendo su vida. ¡Siempre hay un precio que pagar!

En esta ilustración escogí sacar aparte un posible escenario. Algunas personas pasan una luz roja y allí no hay un agente que en fuerce la ley, por lo tanto, ellos escapan de esto. Yo hice esta ilustración porque Dios siempre está presente, y no podemos escaparnos de Su justicia.

Hasta aquí debemos darnos cuenta que asistir a la iglesia o tener un sistema de creencia en particular no nos garantiza entrada al cielo. El hombre tiene una deuda y nunca verá esas puertas de perlas blancas hasta que su deuda no sea saldada completamente. Y como si fuera poco, el hombre solo, no es capaz de pagar su deuda a Dios. Pero yo tengo buenas noticias. Dios tiene un banco de crédito espiritual. El estableció una cuenta en la tierra a través de Su Hijo Jesús. Jesús pagó la penalidad de nuestros pecados en la cruz, y acreditará su cuenta como que está saldada; si usted se lo pide. Cuando Él murió en la cruz, Él pagó el precio por sus pecados y ahora usted no tiene que morir por ellos. Todo lo que usted tiene que hacer es clamar al nombre de Jesús. Expresarle el deseo de establecer una relación con Él, arrepintiéndose y pidiéndole perdón, y su deuda será inmediatamente cancelada. Sí somos pecadores, y la paga del pecado es muerte. ¡Pero no tenemos que morir porque Jesús ya murió por nosotros!

El Mediador de Nuestra Salvación

Porque hay un solo Dios y un solo mediador entre Dios y los hombres, Jesucristo hombre, quien dio su vida como rescate por todos. Este testimonio Dios lo ha dado a su debido tiempo.

1 Timoteo 2:5,6

¿Por qué necesito a Jesús para ser salvo?

Mientras continúa estudiando la Palabra de Dios, usted descubrirá que la salvación se encuentra sólo en Jesús. Si se detiene a pensar acerca de esto por un minuto, usted tendrá que confesar que ésta es una declaración atrevida. Con todas las otras religiones que existen, ¿cómo podemos decir que tenemos el único camino al cielo?

La evidencia más convincente de nuestra fe está basada en el hecho de que Jesús resucitó de la tumba. Todos los otros pioneros religiosos están diez pies bajo tierra. Pero, ¡Jesús está vivo! Ésta es la piedra angular del cristianismo. El Apóstol Pablo enseña que, si Cristo Jesús no hubiese resucitado de la tumba, entonces nuestro mensaje sería en vano (1 Corintios 15:12-14); pero como Él resucitó, podemos descansar seguros en que Jesús es el único camino a la vida eterna. En este capítulo revisaremos de muy cerca la misión, mensaje y ministerio del Señor Jesús y descubriremos por qué lo necesitamos para poder recibir la salvación.

El Mediador

Enfoque la atención en el verso base y encuentre la palabra "mediador". Hay dos palabras claves que describen esta palabra que debemos entender para poder captar su significado completo.

<u>Un mediador</u>: uno que interviene y reconcilia una persona a la otra.

<u>Intervenir</u>: estar entre dos posiciones, para poder impedir o prevenir peligro.

<u>Reconciliar</u>: restaurar a un estado de armonía después de un receso en una relación.

Cuando conectamos todas estas ideas descubrimos que un mediador es uno que se coloca entre una persona y otra, para prevenir peligro, y así restaurar la armonía en la relación. ¡No es esto maravilloso! Nuestro texto dice que Jesús es el que se sitúa entre nosotros y Dios para prevenir peligro y para restaurar nuestra relación con Dios el Padre. ¡Esto es suficiente para hacerle gritar! ¿Por qué? Porque estábamos en peligro de una muerte eterna separados de nuestro Creador, pero Jesús llegó y salvó nuestra vida, restaurando nuestra relación con Dios.

Echemos un vistazo a Sus credenciales para probar por qué Él califica para ser el único mediador entre Dios y el hombre.

Su misión

El primer orden de evidencia que me gustaría presentar, es la misión terrenal de Cristo. Cada corporación organizada tiene una declaración de su misión que ayuda a los empleados a enfocarse en sus metas. Algunas llegan tan lejos hasta hacer que los empleados se memoricen la declaración de la misión para promover la unidad y eficiencia. La misión de uno revela un trabajo o llamado en específico. Clarifica por qué hacemos lo que hacemos. El conocer y lograr la misión, es crucial para el éxito de cualquier agencia. Lo mismo es cierto en cuanto a Dios. Él tiene un plan para el hombre; fuimos creados con propósito y Dios envió a Su Hijo a la tierra con una misión. ¿Cuál fue Su misión? Sencillamente, la salvación. La

Biblia enseña que Él vino a la tierra a salvar lo perdido. Abramos la Palabra de Dios y descubramos esta verdad por nosotros mismos.

"Porque no envió Dios a su Hijo al mundo para condenar al mundo, sino para que el mundo sea salvo por él" (Juan 3:17).

*"Y nosotros hemos visto y declaramos que el padre envió a su hijo **para ser el salvador del mundo**" (1 Juan 4:14).*

*"Este mensaje es digno de crédito y merece ser aceptado por todos: que **Cristo Jesús vino al mundo a salvar a los pecadores**, de los cuales yo soy el primero" (1Timoteo 1:15).*

¿Cuál fue la razón primaria por la cual Cristo vino a la tierra? ¿Por qué dejó la comodidad del cielo? ¿Qué planificaba lograr viniendo al mundo? ¡SALVACIÓN! ¡Él vino a rescatarnos del peligro! Nosotros íbamos hacia una perdición eterna. Estábamos sin esperanza, sin paz en este mundo, y Jesús vino a cambiar nuestro destino. Él vino a salvar. Ésta fue su misión, por esto Él vino. No existe duda de eso. Aquí está en blanco y negro. Jesús fue enviado a ser el salvador del mundo. En esto, no hay duda. La única pregunta que hagamos tal vez en este punto, es si la misión fue completa. Y si fue completada, ¿Cómo fue completada? ¿Cómo estaba Dios planeando remover la condición pecaminosa del hombre si está es parte de su naturaleza? ¿Sería posible que Dios pudiera darnos una nueva naturaleza? Tendremos la oportunidad de contestar estas preguntas más tarde, por ahora entienda que la Biblia nos enseña que Jesús vino a este mundo a salvar pecadores. Ésta fue y todavía es, su misión. Y si podemos probar que Él completó Su misión, entonces podemos decir con confianza que Jesús es el único camino al cielo.

Su mensaje

Otra parte importante de evidencia que me gustaría considerar, es Su mensaje. ¿Qué dijo Jesús acerca de Su misión y debido a esto a cerca de sí mismo? Siempre que nosotros validemos el mensaje, debemos considerar al mensajero. De hecho, ésta debe ser una de las razones por las cuales algunos de los hombres religiosos no creían que Jesús era el Mesías.

Puedo imaginármelos diciendo cosas como: "Él habla como un rey. Él incluso tiene la adoración y aprobación de la gente como un rey, pero Él no puede ser nuestro rey; mírenlo, Él se viste como carpintero y Él viene de Nazaret, la parte mala del pueblo. ¿Puede algo bueno salir de Nazaret? Él dice que es un rey, pero, un rey no se viste de esa manera".

Su error fue permitir que la apariencia exterior cegara sus ojos y cerrara sus oídos. Pero sin hacer ningún error, el mensaje de Jesús fue el de la salvación y Él clamaba ser el Salvador. Escuchen atentamente estas palabras. Éstas fueron declaradas por Jesús mismo: *"Jesús le dijo: Yo soy el camino, y la verdad, y la vida; nadie viene al Padre, sino por mí" (Juan 14:6)*. Estas palabras son atrevidas; hechos absolutos de la boca del Hijo de Dios. Consideré las palabras que subrayé *"el camino, la verdad, y la vida"*. Jesús dijo sencilla y claramente quién era, y Él termina esta declaración revelando que Él es el único camino al Padre. Miremos el próximo versículo: *"Entonces Jesús le dijo: Yo soy la resurrección y la vida. El que cree en mí vivirá, aunque muera" (Juan 11:25)*. Aquí Jesús revela no solamente quién es Él, (La Resurrección y la Vida), pero Él también comparte Su mensaje con nosotros. Él lo muestra de dos maneras básicas. Primero Él compara la salvación como alguien que muere creyendo en Él, y más tarde es resucitado (aunque esté muerto, vivirá). Entonces Él compara esto con alguien que cree en Él y nunca morirá. Esto es vida eterna. Déjenme hacerlo más simple; aunque nuestros cuerpos algún día dejaran de funcionar, si ponemos nuestra fe en Jesús, nuestro espíritu vivirá por siempre, y nuestros cuerpos serán transformados. Esto fue lo que Jesús enseñó y predicó. Puedo escucharlo predicando: *"Si crees en mí, ¡nunca morirás!"*

Su ministerio

Hemos aprendido que la misión y mensaje de Jesús fue (y todavía es) la salvación. Hemos probado por las Escrituras que Jesús proclamaba ser el Salvador y fue enviado a la tierra para salvar al mundo. Ahora lo único que tenemos que hacer es probar que Jesús cumplió Su misión y podemos cerrar el caso. Vamos a examinar el ministerio de Jesús para ver lo que Él logró mientras estaba aquí en la tierra.

En el libro de los Hechos vemos al Apóstol Pedro compartiendo con los miembros de la familia de Cornelio un resumen de lo hecho por nuestro Señor Jesucristo: *"Ustedes bien saben lo que pasó en toda la tierra de los judíos, comenzando en Galilea, después que Juan proclamó que era necesario bautizarse. Saben que Dios llenó de poder y del Espíritu Santo a Jesús de Nazaret, y que Jesús anduvo haciendo bien y sanando a todos los que sufrían bajo el poder del diablo. Esto pudo hacerlo porque Dios estaba con él, y nosotros somos testigos de todo lo que hizo Jesús en la región de Judea y en Jerusalén. Después lo mataron, colgándolo en una cruz. Pero Dios lo resucitó al tercer día, e hizo que se nos apareciera a nosotros"* (Hechos 10:37-40).

Tenemos todos los hechos necesarios en este verso para comprobar el éxito del ministerio de Jesús. Revela que Jesús *"anduvo haciendo el bien y sanando a todos los que estaban oprimidos por el diablo"*. No tenemos el tiempo para contarle todo lo que el maestro hacía, más el texto dice que *"él sanaba a todos los que estaban oprimidos por el diablo"*. Esto incluye a hombres y mujeres, los pobres y los ricos, los esclavos y aun los que aparentemente eran libres. Aún, algunos que habían experimentado la muerte, fueron rescatados por Jesús. Mas el hecho más significativo de la salvación, sucedió en la cruz. Pedro dice que Jesús murió en la cruz, pero resucitó al tercer día. El hecho de que Jesús dio Su vida por todos y resucitó de la muerte, es el hecho más significante de Su ministerio. Si Jesús no hubiese muerto, entonces nosotros no hubiésemos sido salvados. Punto. ¿Por qué murió? El murió para salvar a toda la humanidad. La segunda carta a los Corintios 5:15 dice: *"El murió por todos"*. Primera de Juan 3:16 dice que, *"Jesús entregó su vida por nosotros"*; y Romanos 5:8 dice: *"Cuando éramos todavía pecadores, Cristo murió por nosotros"*.

Recuerde que en el capítulo seis aprendimos que la paga del pecado es muerte. En este capítulo hemos aprendido que Jesús mismo pagó el precio de nuestros pecados cuando murió en la cruz.

Todos los que creen esto y confían en Jesús, nunca tendrán que morir por sus pecados pues Jesús ya murió por ellos. ¿Habrá completado Jesús la misión dada a Él por el Padre? Absolutamente sí. El último grito de victoria vino de los labios de Jesús mismo cuando declaró: "¡CONSUMADO ES (Juan 19:30)! Su misión es salvación. Su mensaje es salvación. Y Su ministerio es salvación. Tal como dice la Biblia: *"Hay un sólo Dios y un sólo mediador entre Dios y los hombres, Jesucristo hombre, quién dio su vida como rescate por todos" (1 Timoteo 2:5,6)*.

La Esencia de la Salvación

Porque de tal manera amó Dios al mundo, que ha dado a su Hijo unigénito, para que todo aquel que en él cree, no se pierda, más tenga vida eterna.

Juan 3:16

¿Qué debo hacer para ser salvo?

Ha habido muchas preguntas muy buenas a través de toda la historia de la raza humana *"ser o no ser[10]," "¿Soy yo acaso guarda de mi hermano[11]?"* Pero ésta, sin duda alguna, es la más importante que ha existido. En el libro de Hechos, capítulo dieciséis y comenzando con el verso treinta, usted descubrirá el autor de esta famosa pregunta. Déjeme compartirlo con usted.

El Apóstol Pablo y Silas, fueron lanzados en la prisión por predicar el evangelio (durante el segundo viaje misionero). Pablo tuvo un encuentro con una mujer en la ciudad de Filipo. Esta mujer estaba posesionada con un espíritu de adivinación y estaba siguiendo a Pablo y sus compañeros por muchos días. Cuando Pablo reprendió ese espíritu, la mujer fue liberada y por esto fueron lanzados a la cárcel. Mientras estaban en la

---

[10] William Shakespeare, *Hamlet*, 1601.
[11] Genesis 4:9

cárcel, a la media noche, Pablo y Silas comenzaron a orar y a cantar alabanzas a Dios y de repente hubo un gran temblor, la tierra se estremeció y las puertas de la prisión se abrieron.

Cuando el centurión se despertó de su sueño, sacó su espada en un intento de cometer suicidio (porque pensó que los prisioneros se habían escapado, y esto le hubiese costado la vida) pero Pablo gritó y lo salvó de hacerse daño. Así mismo, fue éste mismo hombre quien hizo la famosa pregunta (en la presencia de Pablo y Silas): *"¿Qué debo hacer para ser salvo?"*

Me gusta la manera en que la versión Amplificada de la Biblia tradujo el texto. Éste dice: *"¿Qué es necesario que haga para ser salvo?"* En otras palabras: *"¿Qué es absolutamente necesario para ser salvo?"* Escuche atentamente lo que los hombres de Dios respondieron en el verso treinta y uno: *"Cree en el Señor Jesucristo y seréis salvo".* Le pidieron al centurión que, ¿corriera una milla?, ¿qué caminara de rodillas?, o ¿qué les diera dinero? No. Todo lo que pidieron fue que creyera en Jesús.

La fe es esencial

Si vamos a enseñar sobre lo esencial de la salvación, debemos de comenzar con la fe. Cuando Pablo le dijo al centurión que creyera, éste le estaba diciendo que se diera o entregara a sí mismo a Jesús. Que dejase de confiar sólo en sus habilidades, o se despojase de sí mismo y confiara en el cuidado de Jesús. Esto es absolutamente necesario para la salvación. Un cristiano es un individuo quien voluntariamente ha depositado el bienestar de su vida en las manos del Señor Jesucristo.

A través de toda la historia de la iglesia, el verso más popular en cuanto a este tema, siempre ha sido Juan 3:16. Se han cantado canciones sobre esto, se han escrito libros sobre esto y hasta se han nombrado iglesias usando el nombre de este tema. La razón por lo cual es tan popular, es porque éste revela clara y simplemente el plan de salvación de Dios. Este verso explica la posición de Dios en cuanto a la salvación - *"de tal manera amó Dios al mundo"*. El plan de salvación de Dios - *"que envió a su único hijo"*. La respuesta del hombre hacia la salvación - *"para que todo aquel que cree"*. Y la recompensa de Dios en la salvación - *"no perezca, más tenga vida eterna"*.

Note que la respuesta para la salvación es, *"para que todo aquel que en él* **cree***"*. Si usted va a entrar en el reino del Señor Jesucristo, va a tener que poner su confianza en Dios. El poner su confianza en Jesús es un regalo que se nos ha dado a través del poder del Espíritu Santo, y entre más usted dependa de Jesús, más fuerte crecerá. Aquí están algunos versículos adicionales que confirman la necesidad de creer y que le ayudarán a crecer más en su fe:

"De cierto, de cierto os digo: El que oye mi palabra, y cree al que me envió, tiene vida eterna; y no vendrá a condenación, más ha pasado de muerte a vida" (Juan 5:24).

"Pero éstas se han escrito para que ustedes crean que Jesús es el Cristo, el hijo de Dios, y para **que al creer en su nombre tengan vida***" (Juan 20:31).*

"Entonces Jesús le dijo: yo soy la resurrección y la vida. **El que cree en mí** *vivirá, aunque muera" (Juan 11:25).*

A través de todo el Nuevo Testamento, usted encontrará que el creer en el Señor Jesucristo es una parte esencial de la salvación. Lo primero que debemos hacer, es CREER.

La confesión es esencial

Hemos aprendido que el primer ingrediente necesario para la salvación, cuando se ha escuchado el mensaje del evangelio, es fe; el siguiente es la confesión. Cuando una persona cree en Jesús, su fe comienza internamente, pero, no se debe quedar allí. El creyente debe permitir que lo que cree internamente, crezca externamente.

El Apóstol Pablo comparte esta verdad con la Iglesia en Roma cuando dijo: "Que, si confiesas con tu boca que Jesús es el Señor, y crees en tu corazón que Dios lo levantó de los muertos, serás salvo, porque es con el corazón que se cree para ser justificado y es con la boca que se confiesa para salvación" (Romanos 10:9,10). La confesión, por lo tanto, es una señal externa de una realidad interna. Si verdaderamente hemos invitado a Cristo a morar en nuestro corazón, entonces no debemos de tener ningún problema confesándolo como nuestro Señor.

Confesar es reconocer, admitir, o reconocer que algo es verdadero o válido. Es decir, que cuando una creyente toma tiempo para verbalizar sus pensamientos, o proclamar el sentir de su corazón, éste está reconociendo públicamente lo que cree. Esto sirve como un significado de confirmación. Cuando otros escuchan lo que usted dice, entonces estos pueden servir como testigos. Estos testigos son miembros de su nueva familia cristiana y le ayudarán durante los momentos difíciles de su vida. Si usted nunca confiesa su salvación, entonces sus hermanos y hermanas no van a tener manera de saber que usted es parte de la familia de Dios. Por lo tanto, no podrán ayudarle y apoyarle.

La Biblia está llena de gente que confiesa a Cristo al igual que usted. Simón Pedro llamó a Jesús *"El Cristo, el hijo del Dios viviente" (Mateo 16:16)*. Un hombre llamado Natanael le llamó, *"El hijo de Dios y Rey de Israel" (Juan 1:49)*. Una mujer llamada Martha, quien había acabado de perder a su hermano Lázaro, llamó a Jesús Señor y dijo, *"Yo creo que tú eres el Cristo, el hijo de Dios quien ha venido al mundo" (Juan 11:27)*. Y aún había un discípulo llamado Tomás, aunque éste primero dudó de su resurrección, cuando vio a Jesús, le adoró y le llamó *"mi Señor y mi Dios" (Juan 20:28)*.

Estos son algunos de los hombres y mujeres que sirvieron como ejemplo para nosotros sobre la importancia de confesar a Cristo públicamente. Jesús mismo nos enseñó que si le confesábamos delante de los hombres, entonces Él nos confesaría La seguridad de la salvación delante de los ángeles de Dios, *"pero aquél que me negara delante de los hombres (dijo Jesús), yo también le negaré delante de los ángeles de Dios" (Mateo 10:32)*. Si aprendemos la importancia de confesar a Cristo como Señor, entonces usted va a desarrollar algunas cualidades fundamentales importantes que le ayudarán a hablar de acuerdo a la palabra de Dios. Esto le permitirá experimentar una vida cristiana plena y victoriosa.

El arrepentimiento es esencial

El último principio que quiero compartir con usted, es el arrepentimiento. La Biblia nos enseña que el arrepentimiento es otro ingrediente clave en el plan de salvación. Cuando alguien escucha el mensaje del evangelio, él o ella deben creer, para poder recibir. Si alguien cree en Jesús y le confiesa como Señor, entonces un acto inicial y continuo de arrepentimiento le debe seguir.

Es por esto que un predicador les pide a aquellos que creen en el mensaje, que pasen al frente de la iglesia (al altar). Él está buscando un acto inicial de arrepentimiento. Si uno cree en Jesús de corazón, entonces debe continuar con una manifestación de fe. Santiago lo expresa así: *"La fe sin obras, es muerta" (Santiago 2:20).* En otras palabras, para que su fe pueda cobrar vida, o para que sus creencias puedan nacer, debe haber acción, y cuando se trata de creer en Jesús, el arrepentimiento es una respuesta necesaria.

Quizás usted se está preguntando en este momento, ¿qué significa el arrepentirse? El arrepentimiento es el acto de contrición, penitencia o arrepentimiento profundo por lo cual se había hecho mal. Contrición significa, arrepentimiento por una falta o error; y penitencia es el dolor de haber pecado. *Arrepentimiento, por lo tanto, es experimentar un dolor profundo y arrepentirse de las faltas y pecados.*

Cuando la Biblia enseña sobre este tema, lleva al arrepentimiento a un nivel más alto. La Biblia revela que el verdadero arrepentimiento ocurre en el individuo sólo cuando hay un cambio de dirección, o del curso de sus acciones. Lo que estoy diciendo es lo siguiente: la tristeza y el arrepentimiento no es solamente lo que constituye el arrepentimiento bíblico. Casi todos los maestros explican el arrepentimiento de esta manera: el arrepentimiento es un viraje de 180 grados. En otras palabras, es un cambio de dirección total.

Una de las historias favoritas sobre el arrepentimiento es el reencuentro del hijo pródigo, encontrado en el libro de Lucas, capítulo quince (tome un minuto y lea la historia). Jesús revela el verdadero arrepentimiento, cuando comparte la historia de un hijo quien desperdició su herencia en los placeres mundanos del pecado. Una vez, éste se dio cuenta que estaba perdido y regresó a la casa de su padre donde fue recibido con brazos abiertos. Notemos la secuencia de los eventos que causaron que éste se arrepintiera.

Y volviendo en sí (verso diecisiete)

Esto significa que finalmente se dio cuenta de su verdadera condición lejos de su padre. Él reconoció que estaba internamente esclavizado. Ésta es una condición que está presente en cada ser humano que alguna vez se ha arrepentido de sus pecados. Uno debe llegar al punto de darse cuenta que su vida fuera de la vida con Jesús es miserable, y que la respuesta a esta horrible condición, se encuentra únicamente en Cristo.

Me levantaré (verso dieciocho)

Note la declaración del hijo pródigo. Él confiesa su pecado y reconoce su necesidad de un cambio. Primeramente, él reconoció su condición interna (volviendo en sí); entonces él externaliza su condición confesando sus debilidades. Esto le lleva un paso más hacia al arrepentimiento y la liberación total.

Levantándose vino a su Padre (verso veinte)

El punto final el cual quiero enfocar sobre esta historia, es en el hecho de que el hijo pródigo regresó a la casa de su padre. Esto muestra un verdadero arrepentimiento. El hijo perdido vino en sí mismo, reconoció su necesidad por un cambio y cambió el curso de su vida, regresando a la casa de su padre. Un cambio de dirección, debe tomar lugar en la vida del creyente quien ha creído en Jesús y lo ha confesado como Señor. Él debe dejar la ciudad del pecado, y entrar en la ciudad de refugio (la casa del padre).

La lección del hijo pródigo revela el verdadero arrepentimiento, y el arrepentimiento es esencial para la salvación. Miremos algunos versículos que enseñan sobre lo esencial del arrepentimiento para la salvación:

"Sin embargo, ahora me alegro, no porque se hayan entristecido sino porque su tristeza los llevó al arrepentimiento. Ustedes se entristecieron tal como Dios lo quiere, de modo que nosotros de ninguna manera los hemos perjudicado. **La tristeza**

que proviene de Dios produce el arrepentimiento que lleva a la salvación, de la cual no hay que arrepentirse, mientras que la tristeza del mundo produce la muerte" (2 Corintios 7:9,10).

*"**Arrepiéntase y bautícese** cada uno de ustedes en el nombre de Jesucristo para perdón de sus pecados, les contestó Pedro, y recibirán el don del Espíritu Santo" (Hechos 2:38).*

*"Por tanto, para que sean borrados sus pecados, **arrepiéntase y vuélvanse a Dios**, a fin de que vengan tiempos de descanso de parte del señor" (Hechos 3:19).*

En las palabras del Apóstol Pablo a la Iglesia en Corinto, él menciona que, *"la tristeza que proviene de Dios produce arrepentimiento que lleva a la salvación"*. El arrepentimiento, por lo tanto, debe estar presente en la vida de todos aquellos que profesan ser cristianos. Esto no sólo ocurre en el acto inicial de conversión, pero como dije al principio de la lección, el arrepentimiento es un ejercicio practicado por el creyente continuamente, cada vez que reciba convicción de algún pecado que esté presente en su vida. Porque está escrito: *"Si confesamos nuestros pecados, Dios, que es fiel y justo, nos los perdonará y nos limpiará de toda maldad" (1 Juan 1:9).*

He compartido con ustedes tres ingredientes necesarios para experimentar la salvación: La fe, la confesión de pecados y el arrepentimiento. Tome ahora tiempo y repita esta oración verbalmente. Si ya lo ha hecho, tome un vistazo de más cerca de estos tres ingredientes presentes en la oración para que los pueda compartir con otros.

Oración de salvación

Padre Celestial, vengo ante ti en el nombre de Jesús, reconociendo que debo ser salvo. Me arrepiento de mis pecados y te pido hoy que me perdones. Creo en mi corazón que Jesús murió por mis pecados, y que fue levantado de la muerte al tercer día. Jesús, yo te recibo y te confieso como mi Señor y Salvador. AMÉN

La Evidencia de la Salvación

De modo que, si alguno está en Cristo, nueva criatura es; las cosas viejas pasaron; he aquí todas son hechas nuevas.
2ª Corintios 5:17

¿Qué pasó cuando Cristo me salvó?

La mayoría de los sistemas judiciales en el mundo entero, dependen de la presentación de evidencia antes de juzgar si un individuo es culpable o inocente de un crimen. La corte permite a los fiscales presentar el caso en contra del individuo que ha sido acusado y se le permite al acusado abogar en contra del individuo que ha sido acusado y se le permite al acusador abogar en contra de los cargos. El veredicto es dado de acuerdo a la evidencia que fue presentada. En este capítulo queremos examinar la evidencia de la salvación.

Hasta aquí hemos descubierto la necesidad, el mediador, y las cosas esenciales de la salvación. Usted ahora puede entender, ¿por qué una persona necesita ser salva?, ¿por qué Jesús es el único que salva?, y ¿qué necesitamos hacer para ser salvos? La próxima pregunta lógica sería, ¿qué sucede con las personas cuando experimentan la salvación de sus almas?

El perdón

La primera pieza de evidencia que queremos presentar, es el perdón. La Biblia nos enseña, que aquellos que han puesto su confianza en Cristo Jesús como Señor y Salvador, han recibido el perdón de Dios. Perdonar es dar perdón a otros o cesar de sentir resentimiento en contra de otra persona. Si usted se fija en la palabra **"perdón"**, descubrirá que es el ser librado de una penalidad legal. Por lo tanto, aquellos que han recibido la salvación, han sido librados de una penalidad de muerte eterna.

El perdón es el remedio legal de Dios para una penalidad legal. Como ya sabemos que la paga del pecado es muerte, Dios satisface el requerimiento de la ley perdonando a aquellos que están en Cristo. Noten que nuestro texto base dice que aquellos que están "en Cristo" nueva criatura es. Esta es una frase clave a través del Nuevo Testamento. Por cuanto Cristo Jesús es el único que ha pagado la penalidad por el pecado, entonces aquellos que están en Cristo reciben la bendición del perdón de Dios. Como es nuestra costumbre, miremos algunos versículos que nos dan confirmación sobre el perdón:

*"Todos los profetas testifican acerca de él (Jesús), que todo aquél que cree en él, **recibe el perdón de pecados** a través de su nombre" (Hechos 10:43).*

"Ustedes, en otro tiempo, estaban muertos espiritualmente a causa de sus pecados y por no haberse despojado de su naturaleza pecadora; pero ahora Dios les ha dado vida juntamente con Cristo, en quien nos ha perdonado todos los pecados" (Colosenses 2:13 / D.H.H.).

*"Hijitos, les escribo a ustedes porque Dios, gracias a Jesucristo, **les ha perdonado** sus pecados" (1 Juan 2:12 /D.H.H.).*

*"Feliz el hombre a quien sus culpas y pecados le han sido **perdonados** por completo" (Salmo 32:1/ D.H.H.).*

¿Y qué de mi pasado?

Aunque todo pecado es desagradable a Dios, hay algunos pecados que causan consecuencias más grandes, que otras. Las personas que han experimentado consecuencias grandes, pueden tener dificultad en recibir el perdón debido a su pasado. Dios nos ha prometido un futuro brilloso, pero la oscuridad del pasado tiene el potencial de apagar la luz profética. Por esto es que es importante saber cómo Dios considera nuestra vida pasada. Una vez leí un letrero que decía: "Los cristianos no son perfectos, sólo son perdonados". Tenemos que entender que no importa cuán malo fuimos antes de ser cristiano, o cuantos errores hemos cometido desde el momento de nuestra conversión a Cristo. Ahora que somos de Cristo, hemos recibido el perdón de Dios y Él es la **Corte Suprema del Universo**. Aquí hay algunos versículos que motivarán al creyente a soltar su pasado, para poder abrazar su futuro.

"Cuanto está lejos el oriente del occidente, Hizo alejar de nosotros nuestras rebeliones" (Salmo 103:12).

"El volverá a tener misericordia de nosotros; sepultará nuestras iniquidades, y echará en lo profundo del mar todos nuestros pecados" (Miqueas 7:19).

"Ahora, pues, ninguna condenación hay para los que están en Cristo Jesús, los que no andan conforme a la carne, sino conforme al Espíritu" (Romanos 8:1).

La transformación

Lo siguiente que acontece en la vida de una persona cuando recibe a Cristo como Señor y Salvador, es una transformación. Note que el versículo base de este capítulo dice que aquellos que están en Cristo son *"nuevas criaturas"*. Esto significa que una vez que alguien confiesa a Jesús como Señor, éste es transformado en una nueva persona. La palabra transformar significa, cambiar la forma, apariencia, o carácter de alguien o algo. Es obvio que aquellos que experimentan la fe en Cristo, no cambian su aspecto físico (externo), por lo tanto, esta nueva criatura de la cual Dios está hablando, es interna y no externa.

Jesús le enseñó esta lección a un hombre llamado Nicodemo, en una de las connotaciones más utilizadas en la Iglesia cristiana de hoy. La Biblia dice que un hombre llamado Nicodemo, quien era un miembro del concilio judío, vino a Jesús de noche e inició una conversación con Él. En una réplica, Jesús declaró: *"De veras te aseguro que quien no nazca de nuevo no puede ver el reino de Dios" (Juan 3:3).* Con esta declaración, Jesús reveló la verdad de la transformación. Él nos revela a nosotros lo que sucede cuando una persona entra en la familia (el reino) de Dios, ésta es *"nacida de nuevo"*. El ser nacido de nuevo, es darnos una nueva vida. Es el lugar de nuestro nacimiento espiritual. Esto se hace posible a través del poder del Espíritu Santo quien viene a nosotros y nos sella en el momento de nuestra conversión, y, por tanto, nos hace copartícipes de la naturaleza Divina (naturaleza de Dios).

Es entonces, cuando aquellos que son transformados por Dios les es dada (o se les da) una nueva naturaleza la cual tiene el poder de conquistar la vieja naturaleza pecaminosa. Cuando esta nueva naturaleza (Espíritu Santo) es dada al creyente, éste ya no es el mismo, porque ahora posee un nuevo espíritu habitando dentro de él.

Es entonces, cuando es ¡transformado! La tabla de transformación le ayudará a entender esta gran verdad.

TABLA DE TRANSFORMACIÓN

Primer Nacimiento	*Segundo Nacimiento*
Nacimiento Natural	Nacimiento Espíritual
Hijos de Nuestros Padres	Hijos de Dios
Naturaleza Humana	Naturaleza Divina
"LA MARIPOSA"	
(Un ejemplo natural de nuestra transformación espiritual)	
El Gusano: Se arrastra sobre el polvo	*La Mariposa*: Vuela sobre la tierra

La tabla de transformación le ayudará a recordar algunas de las cosas que le sucedieron cuando Dios lo salvó. Nunca se olvide del milagro que Dios hizo en su vida. Él le cambió dándole Su Espíritu, y su vida nunca será igual. Tome tiempo para memorizar estos versículos. Éstos confirmarán el hecho de que Dios transforma a aquellos que creen en Jesús:

*"Por tanto, nosotros todos, mirando a cara descubierta como en un espejo la gloria del Señor, somos **transformados** de gloria en gloria en la misma imagen, como por el Espíritu del Señor" (2ª Corintios 3:18).*

*"No os conforméis a este siglo, **sino transformaos** por medio de la renovación de vuestro entendimiento, para que comprobéis cuál sea la buena voluntad de Dios, agradable y perfecta" (Romanos 12:2).*

Recuerde que ya no es como un gusano que se arrastra sobre la tierra; usted es como una mariposa que vuela sobre la tierra con las alas del Espíritu de Dios.

Un traslado

La pieza de evidencia final que me gustaría presentarle es el traslado. Cuando usted tuvo fe en Jesús y vino a Él, fue perdonado, transformado y trasladado. Una de las definiciones de traslado es el ser llevado de un estado (o posición) a otro. Cuando una persona llega a Jesús para el perdón de sus pecados, Él le transforma, dándole un nuevo espíritu, trasladándolo de un reino a otro. Nuestro texto base dice que *"todas las cosas viejas pasaron; he aquí todas son hechas nuevas"*. Por lo tanto, el cristiano ha pasado de un lugar a otro.

A esto se le llama un traslado. Antes de que comparta con usted algunas de las cosas de las cuales usted fue trasladado, miremos algunos versículos los cuales confirman este caso:

*"El cual nos ha librado de la potestad de las tinieblas, y **trasladado** al reino de su amado Hijo" (Colosenses 1:13/R.V.).*

"Te voy a librar de los judíos y también de los no judíos, a los cuales ahora te envío. Te mando a ellos para que les abras los ojos y no caminen más en la oscuridad, sino en la luz; para que no sigan bajo el poder de Satanás, sino que sigan a Dios; y para que crean en mí y reciban así el perdón de los pecados y una herencia en el pueblo santo de Dios" (Hechos 26:17,18 /D.H.H.)

"Antes ustedes estaban muertos a causa de las maldades y pecados... Pero Dios es tan misericordioso y nos amó con un amor tan grande, que nos dio vida juntamente con Cristo cuando todavía estábamos muertos a causa de nuestros pecados..." (Efesios 2:1-10/D.H.H.)

Estos son algunos versículos que nos enseñan que los creyentes en Cristo son trasladados de una posición a otra cuando son salvos. La tabla de transferencia en la parte interior, nos mostrará siete áreas básicas a las cuales fuimos trasladados.

TABLA DE TRASLADO

Las Cosas Viejas	*Las Cosas Nuevas*
Reino de Satanás	Reino de Dios
La Obscuridad	La Luz
El Pecado	La Santidad
La Muerte	La Vida
La Mentira	La Verdad
La Tristeza	El Gozo
El Caos	El Orden

Como un nuevo cristiano, habrá veces que usted cometerá errores o será tentado a regresar a su viejo estilo de vida. Por eso, es muy importante que recuerde lo que Jesús ha hecho por usted. Usted ha sido perdonado, transformado y trasladado. Usted ya no se arrastra en la tierra pecaminosa como el gusano, usted está volando como una mariposa, descubriendo las nuevas aventuras del Espíritu de Dios. ¡FELIZ VUELO!

La Certeza de la Salvación

Porque por gracia sois salvos por medio de la fe; y esto no de vosotros, pues es don de Dios; no por obras, para que nadie se glorie.

Efesios 2:8,9

¿Cómo puedo estar seguro de que soy salvo?

Una de las preguntas más comunes de los nuevos cristianos es ¿cómo puedo estar seguro de que soy salvo? Esta es una pregunta muy importante que necesita ser contestada para que el nuevo creyente pueda comenzar a sentirse seguro en los brazos de un Salvador de gracia. El principio bíblico más importante que le ayudará en esta área, es la *gracia*. La gracia, según es utilizada en la Biblia, es definida como un favor inmerecido[12]. Una de las razones por la cual les toma tiempo a los cristianos nuevos afirmarse sobre la seguridad de su nueva vida en Cristo, es el sentimiento de culpabilidad. Aunque una persona entiende que su pasado ha sido perdonado, algunos todavía sienten hacer algo para probar y lograr una buena reputación con Dios. Tarde o temprano fracasan en sus esfuerzos para agradar a Dios, y comienzan a

---

[12] Vine's complete expository dictionary, 1984.

experimentar un sentido de culpa y frustración. Por esta razón debemos entender lo que es la gracia.

Gracia salvadora

Primeramente, usted debe saber que usted no hizo ni una sola cosa para merecer o lograr la salvación. Una vez que entienda que es salvo por gracia, comenzará a sentirse seguro en Cristo. Nuestro texto base dice: *"Porque por gracia sois salvos por medio de la fe; y esto no de vosotros, pues es don de Dios; no por obras, para que nadie se gloríe."* Note la frase *"y esto no de vosotros".* Esto confirma el hecho de que no hemos hecho nada para lograr o alcanzar la salvación. Ahora, si usted no hizo nada para lograr la salvación, ¿qué le hace pensar que puede hacer algo para ganar su aprobación? El sentirse culpable acerca de los fracasos que tuvo en sus esfuerzos y tratar de repararlos, es una trampa del enemigo. Dios no desea que usted le haga muchas promesas, Él desea que descanse y dependa de Su Hijo Jesús. Usted ha sido salvo por gracia. Usted no lo ganó, la recibió. Así como un niño recibe un regalo en una mañana de Navidad. No trate de probarle nada a Dios. Acepte lo que Dios ha hecho por usted y disfrute de su nueva vida. Aquí están algunos versículos que le ayudarán a entender la gracia salvadora:

*"Porque **la gracia de Dios se ha manifestado para salvación a todos los hombres**, enseñándonos que, renunciando a la impiedad y a los deseos mundanos, vivamos en este siglo sobria, justa y piadosamente" (Tito 2:11,12).*

"Nos salvó, no por obras de justicia que nosotros hubiéramos hecho, sino por su misericordia, por el lavamiento de la

regeneración y por la renovación en el Espíritu Santo, el cual derramó en nosotros abundantemente por Jesucristo nuestro Salvador, para que, **justificados por su gracia**, *viniésemos a ser herederos conforme a la esperanza de la vida eterna" (Tito 3:5-7). Ahora pues, ¿por qué desafían ustedes a Dios imponiendo sobre estos creyentes una carga que ni nosotros ni nuestros antepasados hemos podido llevar? Al contrario, nosotros creemos que* **somos salvados gratuitamente por la bondad del Señor Jesús**, *lo mismo que ellos" (Hechos 15:10,11 /D.H.H.).*

Recuerde que ha sido salvo por gracia. Usted no la ganó, usted no la trabajó y es por eso que no la merece. Más bien, esto fue un regalo dado por Dios por Su gran amor hacia usted. Por lo tanto, no debe de sentirse culpable acerca de sus fracasos y debilidades; regocíjese en el Señor y Su gracia que fortalecerá su corazón.

La dispensación de la gracia

Permítame compartir con usted, un concepto que le ayudará a sentirse más seguro en la nueva fe que ha descubierto. Es lo que los maestros de la Biblia reconocen como dispensaciones. Una dispensación es un período de tiempo, señalado por Dios, para lograr un propósito en particular[13]. Casi todos los exegetas de la Biblia están de acuerdo en que los habitantes de la tierra han experimentado el complemento de cinco dispensaciones y estamos en este momento pasando por la sexta dispensación de la gracia. Esto significa que estamos viviendo en una época o período, donde Dios está revelando Su gracia al hombre y a la mujer en la tierra. En otras palabras, Dios ha señalado esta ventana en este tiempo para darnos un favor inmerecido. Usted

---

[13] Vine's complete expository dictionary, 1984.

se puede sentir seguro en cuanto a su salvación si entiende que este momento en tiempo ha sido preparado y ordenado por Dios. Enseguida verá una lista de dispensaciones pasadas, para que se dé cuenta de lo bendecido que ha sido por haber nacido en este tiempo:

TABLA DE LAS DISPENSACIONES[14]

Dispensación	Descripción
ÉDENICA (inocencia)	Desde la creación del hombre, hasta la expulsión del jardín del Edén.
ANTIDILUVIANA (Conciencia)	Desde Caín y Abel, hasta el diluvio.
POSTDILUVIANA (Gobierno Humano)	Desde el pacto de Dios con Noé, hasta la dispersión de la Torre de Babel.
PATRIARCAL (Promesa)	Desde el llamado de Abraham hasta esclavitud en Egipto.
LEGAL (La Ley)	Desde Éxodo hasta la muerte de Cristo.
ECLESIÁSTICA (Gracia)	Del día del Pentecostés, hasta el tiempo presente.

---

[14] Thomas Eade, *Estudio Biblico de la Nueva Panorama*, 1947.

Antes del principio de la dispensación de la gracia, los habitantes de la tierra estaban bajo la dispensación de la ley. Dios dio Su Palabra a Su siervo Moisés para establecer orden y establecer claramente lo que era bueno y malo de acuerdo a las normas o reglas divinas. El problema fue que el pueblo de Dios tuvo gran dificultad en guardar la ley, y cargaban con un sentido de culpabilidad y separación de su Creador. Entonces, ¿que hizo Dios? Él envió a Su Hijo unigénito a la tierra a prepararnos para la próxima época en el tiempo de la hora de su reloj: ¡LA GRACIA!

Esto no significa que no tenemos la obligación de obedecer la ley, o que podemos hacer lo que queramos sin sufrir las consecuencias por nuestras acciones. Significa que ya alguien ha pagado por nuestros pecados, y no tenemos que sufrir una eternidad por ellos. Todo lo que tenemos que hacer ahora es pedirle perdón a Dios y Él nos limpia y restaura nuestra comunión con el Padre. Por eso es que ya usted no tiene que tratar de ganarse Su aprobación o hacer buenas acciones para recobrar la comunión con Dios. Dios ya pagó el precio por nosotros en la cruz.

La Biblia nos enseña que *"la ley fue dada a través de Moisés, pero la gracia y verdad vino a través de Cristo Jesús" (Juan 1:17)*. Una de las cosas que el escritor está tratando de enseñarnos, es que nosotros estamos viviendo en una mejor dispensación que en la que ellos estuvieron. En el caso de ellos, tenían que ganarse su condición y pagar la penalidad por su transgresión; en cambio nosotros, tuvimos a uno quien pagó el precio por nuestras transgresiones y ganó un lugar justo para nosotros delante de Dios. De acuerdo a la Biblia, ya no estamos bajo la ley, sino bajo la gracia. Demos un vistazo a los siguientes versículos:

*"Porque el pecado no se enseñoreará de vosotros; **pues no estáis bajo la ley, sino bajo la gracia**" (Romanos 6:14).*

*"Pero ahora, **aparte de la ley**, se ha manifestado la justicia de Dios, testificada por la ley y por los profetas; la justicia de Dios por medio de la fe en Jesucristo, para todos los que creen en él. Porque no hay diferencia, por cuanto todos pecaron, y están destituidos de la gloria de Dios, **siendo justificados gratuitamente por su gracia**, mediante la redención que es en Cristo Jesús" (Romanos 3:21-24).*

13   Thomas Eade, *Estudio Bíblico de la Nueva Panorama*, 1947.

*"Ahora, pues, ninguna condenación hay para los que están en Cristo Jesús, los que no andan conforme a la carne, sino conforme al Espíritu. Porque la ley del Espíritu de vida en Cristo Jesús **me ha librado de la ley del pecado y de la muerte**" (Romanos 8:1,2).*

*"Me he hecho a los judíos como judío, para ganar a los judíos; a los que están sujetos a la ley (**aunque yo no esté sujeto a la ley**) como sujeto a la ley, para*

*ganar a los que están sujetos a la ley; a los que están sin ley, como si yo estuviera sin ley (**no estando yo sin ley de Dios, sino bajo la ley de Cristo**), para ganar a los que están sin ley" (1 Corintios 9:20,21).*

Ahora que usted debe entender que ya no estamos bajo la ley sino bajo la gracia. Mientras usted continúa en la gracia que Dios le ha dado, comparta esa gracia con otros y crecerá con una fe más sólida, y jamás dudará del amor que Dios tiene por usted.

Gracia sustentadora

Algunos que han experimentado la gracia salvadora de Jesús preguntan: "¿Por cuánto tiempo puedo vivir así?" Algunos quizás preguntan: "¿Podré ser yo cristiano por el resto de mi vida? ¿Qué necesito para poder llegar hasta el fin?" La respuesta es LA GRACIA. Somos salvos y sostenidos por la gracia de Dios. En otras palabras, el mismo poder que te salvó es el poder que te va a sostener en Cristo Jesús. Es increíble como algunos cristianos confían en Dios para su salvación, pero tratan de vivir la vida cristiana por sus propias fuerzas. Esto es un error que no debemos cometer.

La Biblia enseña que Dios tiene el poder para salvar y sostener aquellos que son suyos. El creyente que ha confiado en Dios para el perdón de sus pecados, tiene que aprender a confiar en Dios para sostenerle por el resto de su vida. Consideremos este pensamiento: *Dios no solamente creó el mundo, pero lo sostiene a través del poder de Su palabra (Salmos 93:1).* Si Él es capaz de sostener al mundo, ciertamente es capaz de sostenerle. La tarea del creyente es aprender a depender en el poder sustentador de Dios a través de cada circunstancia.

El Apóstol Pablo aprendió con certeza sobre el poder de la gracia sustentadora de Dios. En la segunda carta a los corintios, capítulo doce, Pablo comparte con nosotros cómo Dios le dio una visión del paraíso. Él comparte cómo se encontró en el tercer cielo, y que Dios le enseñó cosas tan maravillosas que se le impidió que las compartiese. Entonces, bajo este contexto que Pablo nos enseña acerca del principio de la gracia sustentadora, por la abundancia de revelaciones dadas a él por Dios, Dios permitió que un mensajero de

Satanás le torturara de tal manera que él describía su condición como, *"un aguijón en la carne" (2 Corintios 12:7)*. Como haría cualquier buen predicador, Pablo oró tres veces para que Dios removiera el aguijón y Dios le respondió: *"Mi gracia es suficiente para ti, porque mi poder se perfecciona en la debilidad" (2 Corintios 12:9)*.

¿Cuál es la lección que Dios está tratando de enseñarle a Pablo (y a nosotros)? Dios nos está enseñando que no importa la situación en que nos encontremos, Él es capaz de perfeccionarnos y sostenernos. Para expresarlo de otra manera, las circunstancias externas no son lo suficientemente poderosas como el poder interno de Dios en nosotros. Entre más se empeore el problema externo, más fuerza del poder interno de Dios vamos a tener en nuestra vida. Dios siempre manifestará Su poder en medio de cada situación.

También es importante que notemos que ésta no es una lección acerca de cómo Dios quiere que la gente se enferme, o cómo Dios quiere que suframos. Nada puede estar más lejos de la verdad. Lo que esta lección nos quiere enseñar, es simplemente acerca del poder de la gracia sostenedora de Dios en el creyente. Aquí hay algunos versículos en la Biblia que le ayudarán a recordar la habilidad de Dios para guardarnos:

"Estando persuadido de esto, que el que comenzó en vosotros la buena obra, la perfeccionará hasta el día de Jesucristo" (Filipenses 1:6).

"Acerquémonos, pues, confiadamente al trono de la gracia, para alcanzar misericordia y hallar gracia para el oportuno socorro" (Hebreos 4:16).

Gracia

Eso nos trae a nuestro punto final de esta lección, la "gracia servidora". Mientras el discípulo va creciendo en fe, él o ella comenzarán a sentir un deseo de hacer algo por Dios y otros. La Biblia enseña que Dios le ha dado a cada cristiano por lo menos un talento para usarlo para el beneficio de su reino (Mateo 25:15), y una vez que una persona haya nacido de nuevo, buscará naturalmente envolverse en lo que la iglesia está logrando para Cristo. Sin embargo, el peligro asecha cuando el deseo de trabajar para Dios, opaca nuestro deseo de estar con Dios y es esto lo que nunca debemos permitir que suceda.

En las etapas tempranas del desarrollo, el cristiano se preocupa más por pasar tiempo con su Salvador. Pero a través que pasa el tiempo, va aprendiendo las doctrinas de la iglesia, las verdades fundamentales de la organización, las responsabilidades de cada miembro, y entonces, la devoción puede rápidamente ser aplastada por la dedicación a las actividades de la iglesia. No me mal interprete, es importante y necesario el trabajar en el establecimiento del Reino de Dios, pero nunca a cuenta del tiempo personal del creyente con Jesús. Como maestros o pastores siempre debemos enseñar a los nuevos cristianos a consagrar algún tiempo solo con Dios, porque es entonces cuando ellos tendrán la voluntad y el poder de seguir la Palabra de Dios. Por eso debemos aprender cómo trabajar para Dios a través de la gracia de Dios. Lo que quiero decir es esto; Dios nos ha dado gracia para salvación, gracia para sostenernos en tiempos de dificultad, y gracia para servir a otros. Dios no quiere que tomemos las cosas en nuestras propias manos. Cuando se trata de servir a otros, Él quiere que aprendamos cómo depender en Él, así como lo hicimos para salvación.

Pablo era un maestro precisamente en esto. Si estudia sobre todas las cosas que él pudo lograr para el Reino de Dios en su vida, usted llegará a la conclusión que solamente fue posible porque él se apoyó sobre la gracia servidora de Dios. En una ocasión Pablo decidió ir a una ciudad a predicar el evangelio, pero le fue impedido por el Espíritu Santo (Hechos 16:7). Aunque sus intenciones eran puras, Dios no le permitió ir por algún propósito (o tiempo) divino. La obediencia de Pablo al Espíritu Santo nos enseña que aun cuando se trata de hacer la voluntad de Dios (como predicar o enseñar) tenemos que hacerlo en obediencia. Cuando dependemos totalmente en el poder y la gracia de Dios, entonces tendremos éxito en todo lo que hagamos. Pablo confirma este punto con la iglesia en Corinto:

"Porque yo soy el más pequeño de los apóstoles, que no soy digno de ser llamado apóstol, porque perseguí a la iglesia de Dios. Pero por la gracia de Dios soy lo que soy; y su gracia no ha sido en vano para conmigo, antes he trabajado más que todos ellos; pero no yo, sino la gracia de Dios conmigo" (1 Corintios 15:9,10).

Yo le motivo por la gracia de Dios, a servir al Señor; no sólo por su propio poder, pero a través del poder de la gracia de Dios que ya está en usted. Como está escrito: *"Cada uno ponga al servicio de los demás el don que haya recibido, administrando fielmente la gracia de Dios en sus diversas formas. El que habla, hágalo como quien expresa las palabras mismas de Dios; el que presta algún servicio, hágalo como quien tiene el poder de Dios. Así Dios será en todo alabado por medio de Jesucristo, a quien sea la gloria y el poder por los siglos de los siglos. Amén" (1 Pedro 4:10).* Yo les digo lo mismo que Pablo les diría si estuviese aquí: "La gracia de Dios sea con ustedes".

El Propósito de la Salvación

Porque somos hechura de Dios, creados en Cristo Jesús para buenas obras, las cuales Dios dispuso de antemano a fin de que las pongamos en práctica.

Efesios 2:10

¿Por qué lo salvó Jesús?

Mientras crece su entendimiento de Dios, es importante para usted el saber que el Creador del universo es un Dios de orden y propósito. Cuando Él creó el universo, lo hizo con un gran propósito en mente. A la raza humana no se le ha dado la habilidad de entender todo lo que Dios está haciendo y sus planes para el universo, pero una cosa que Él nos ha revelado, es el propósito de la salvación. Sí, Él nos salvó porque nos ama.

Sí, Él nos salvó porque éramos esclavos del pecado, y destinados a la ira sin esperanza en el mundo. Pero Él también nos salvó para que podamos participar en Su gran panorámica e irresistible plan sobre la tierra. Dios ha escrito un manuscrito y ha diseñado un plan para permitirle a los seres humanos jugar una parte en Su obra maestra.

Lo que estoy tratando de decir es esto, Dios es el Maestro del universo y tiene un plan el cual está llevando a cabo. Aquellos que rechazan el regalo gratis de salvación a través de Su Hijo Jesús son descalificados de tener la disponibilidad de participar en esto. Ahora que usted ha nacido de nuevo, usted califica para servicio activo en el ejército de Dios y tiene un privilegio de trabajar junto con Dios en su esfuerzo. Es el deber de cada persona que dice llamarse cristiano el dedicarse al servicio de Dios, descubriendo los dones y talentos para cumplir el plan maestro de Dios.

La hechura de Dios

Como usted ya habrá descubierto, el propósito de la salvación es el servicio. En el capítulo cuatro aprendimos que Jesús nos salvó para liberarnos de la esclavitud del pecado, pero aún no hemos descubierto la razón del porqué. Hemos entendido que aquellos que han rechazado a Cristo están destinados a estar separados de Dios por toda la eternidad, pero si Dios sólo nos hubiera salvado para librarnos del infierno, todo lo que hubiese tenido que hacer era enviar al cielo a todo aquel quien recibe a Cristo y Su propósito hubiera sido cumplido. Por lo tanto, debe haber algo más en la salvación que sólo el habernos librado del infierno. Dios nos está dejando aquí por una razón. De acuerdo a la Biblia, estamos aquí para ser siervos de Cristo.

Si usted analiza detenidamente nuestro texto base, descubrirá que la escritura dice que somos *"la hechura de Dios, creada en Cristo para hacer buenas obras"*. Note la frase *"hechura de Dios"*. Esto significa que somos la obra de arte de Dios. Esto revela el hecho de que fuimos creados por Dios y para Dios

(Génesis 1:26-28). Este es un principio básico e importante a través de las Escrituras. La Biblia enseña que fuimos creados por Dios, y como creaciones de Dios, estamos sujetos a Dios. Esto nos enseña el principio del señorío. Nuestro Dios tiene un derecho legal por virtud de ser nuestro Señor para dictar el propósito para nuestra existencia. En el mundo de los negocios, solamente el que manufactura el producto, está autorizado a revelar la función propia de sus productos. De acuerdo a las Escrituras, Dios es el Creador y la raza humana es Su producto. Nosotros somos la *"hechura de Dios"* y Él nos ha llamado para servirle.

En el capítulo trece del libro de Juan, Dios nos enseña una lección importante acerca del valor de desarrollar un corazón de servidor. Jesús estaba cenando con sus discípulos y de repente se levanta de la mesa y comienza a lavarles los pies. La Biblia dice que Él estaba consciente de que el fin estaba cerca y quiso aprovecharse de la ocasión para enseñarles una lección muy importante. ¿Qué lección era tan importante como para que Él interrumpiera el poco tiempo que le quedaba con ellos? **¡SERVICIO!**

Cuando Él terminó de lavarles los pies, les preguntó si ellos entendieron lo que había hecho. ¿Por qué les preguntó esto? Bueno, la Biblia dice que los discípulos discutieron varias veces en cuanto quién sería el más grande en el reino de Dios. En una ocasión, hasta Santiago y Juan trataron que su madre convenciera a Jesús para que los sentase junto a Él en Su trono (Mateo 20:21). Es la naturaleza humana el tratar de ser el mejor y sacar lo mejor de la vida. Sabiendo que esto podría causar un problema y tener el potencial de estorbar la obra del reino, una vez más Jesús les recordó sobre la prioridad de servir a otros:

"Ustedes me llaman Maestro y Señor, y dicen bien, porque lo soy. Pues si yo, el Señor y el Maestro, les he lavado los pies, también ustedes deben de lavarse los pies unos a los otros. Les he puesto el ejemplo, para que hagan lo que yo he hecho con ustedes" (Juan 13:13-14).

Si Jesús valoró la prioridad del servicio al grado de que esto fue una de las últimas lecciones que enseñó, nosotros también debemos dar prioridad a nuestro estilo de vida alrededor del hecho de que Jesús nos salvó para servir. Ya que *"ningún siervo es más que su amo, y ningún mensajero es más que el que lo envió" (Juan 13:16).*

Las buenas obras

Lo último que quiero que usted observe en nuestro texto, es la frase *"creados en Cristo Jesús para hacer buenas obras"*. Esto habla sobre la calidad de nuestro servicio. Una vez que entendemos que fue Dios quien nos creó, entonces podemos comprender la calidad de nuestro servicio. Todo lo que Dios crea es bueno, por lo tanto, es lógico concluir que somos llamados para hacer también el bien.

Uno de los versículos favoritos en la Biblia, se encuentra en el capítulo cinco del libro de Daniel, donde encontramos la reina del Rey Belsazar hablando sobre Daniel:

"Pero la reina madre, atraída por los gritos de su hijo el rey y de los grandes personajes invitados, entró en la sala del banquete y dijo: ¡Que viva Su Majestad para siempre! Y no se preocupe ni se ponga pálido, que en su reino hay un hombre guiado por el espíritu del Dios santo. Cuando el padre de Su

Majestad era rey, ese hombre demostró tener una mente clara, e inteligencia y sabiduría como la de los dioses. Por eso el rey Nabucodonosor, padre de Su Majestad, nombró a ese hombre jefe de todos los magos, adivinos, sabios y astrólogos de la nación, ya que, en Daniel, a quien el rey puso el nombre de Beltsasar, había un espíritu extraordinario e inteligencia y ciencia para entender el significado de los sueños, explicar el sentido de las palabras misteriosas y resolver los asuntos complicados. Llame Su Majestad a Daniel, y él le dará a conocer el significado de lo que está escrito en la pared" (Daniel 5:10-12 /D.H.H.).

No es esto maravilloso, el Rey Belsazar tiene un problema y ¿a quién llama que le sirva? A Daniel. ¿Por qué? ¡Porque él tenía *"un espíritu extraordinario"*! Su calidad de servicio en el reino era mejor que los demás. Pero esto no debería sorprendernos. Recuerden, somos la hechura de Dios. Si todo lo que Dios crea es bueno, y si Dios nos creó para buenas obras, entonces no deberíamos conformarnos con nada menos que ¡excelencia! Para entender la importancia de nuestro servicio de calidad, abra su Biblia en el capítulo seis del libro de los Hechos:

"En aquellos días, como creciera el número de los discípulos, hubo murmuración de los griegos contra los hebreos, de que las viudas de aquéllos eran desatendidas en la distribución diaria. Entonces los doce convocaron a la multitud de los discípulos, y dijeron: No es justo que nosotros dejemos la palabra de Dios, para servir a las mesas. Buscad, pues, hermanos, de entre vosotros a siete varones de buen testimonio, llenos del Espíritu Santo y de sabiduría, a quienes encarguemos de este trabajo. Y nosotros persistiremos en la oración y en el ministerio de la palabra. Agradó la propuesta a toda la multitud; y eligieron a Esteban, varón lleno de fe y

del Espíritu Santo, a Felipe, a Prócoro, a Nicanor, a Timón, a Parmenas, y a Nicolás prosélito de Antioquía; a los cuales presentaron ante los apóstoles, quienes, orando, les impusieron las manos. Y crecía la palabra del Señor, y el número de los discípulos se multiplicaba grandemente en Jerusalén; también muchos de los sacerdotes obedecían a la fe" (Hechos 6:1-7).

Observen las siguientes cualidades que los apóstoles le dijeron a la iglesia que buscara en los individuos para servirle. Ellos le dijeron que buscara hombres con un buen testimonio, llenos del Espíritu Santo y sabiduría. Esto nos enseña tres llaves para un servicio de calidad.

Las llaves para un servicio de calidad

Una buena reputación

La primera llave para un servicio de calidad tenía que ver con la reputación del creyente. Esto usualmente se refiere al testimonio del creyente. Dios nos salvó para servir a otros, y como nuestro servicio es un reflejo de aquel que nos ha llamado a servir, debemos hacer todo lo que esté en nuestro poder para mostrar una buena reputación.

Este principio es abundantemente revelado a través de la Biblia. Cuando la reputación de David estaba comprometida por su lascivia hacia Betsabé, Dios envió al profeta Natán a reprenderlo y David cosechó malas consecuencias por sus acciones (2 Samuel 12). La mayoría de los escolares de la Biblia están de acuerdo en que el reino de David nunca volvió a ser el mismo. Cuando Moisés mató a un egipcio en defensa de su hermano judío, él fue forzado a marcharse de Egipto y permanecer en el desierto por cuarenta años cuidando ovejas y su ministerio como libertador se atrasó (Éxodo 2:11-25). Pablo compartió la vitalidad de una reputación de siervo cuando le escribió a su hijo espiritual Timoteo sobre las cualidades de un líder en la Iglesia:

*"Palabra fiel: Si alguno anhela obispado, buena obra desea. Pero es necesario que el obispo **sea irreprensible**, marido de una sola mujer, sobrio, prudente, decoroso, hospedador, apto para enseñar; no dado al vino, no pendenciero, no codicioso de ganancias deshonestas, sino amable, apacible, no avaro; que gobierne bien su casa, que tenga a sus hijos en sujeción con toda honestidad (pues el que no sabe gobernar su propia casa, ¿cómo cuidará de la iglesia de Dios?); no un neófito, no sea que envaneciéndose caiga en la condenación del diablo. También **es necesario que tenga buen testimonio** de los de afuera, para que no caiga en descrédito y en lazo del diablo" (1 Timoteo 3:1-7).*

A continuación, hay más versículos sobre este tema: *"Vale más la buena fama que las muchas riquezas, y más que oro y plata, la buena reputación"* (Proverbios 22:1).

"Venimos de parte del centurión Cornelio, un hombre justo y temeroso de Dios, respetado por todo el pueblo judío, un ángel de Dios le dio instrucciones de invitarlo a usted a su casa para escuchar lo que usted tiene que decirle" (Hechos 10:22)

"Vino a verme un tal Ananías, hombre devoto que observaba la ley a quién respetaban mucho los judíos que allí vivían" (Hechos 22:12).

Estos versículos revelan el valor de una buena reputación. Noten que cuando Dios estaba buscando un grupo de gentiles para derramar Su Espíritu, Él escogió un grupo que estaba dirigido por Cornelio quien era *"respetado por toda la gente judía"*. Cuando Dios necesitó un hombre para ministrar a Saulo de Tarso (Apóstol Pablo) quien fue escogido para escribir dos terceras partes del Nuevo Testamento y explicar las verdades divinas como "La Iglesia, El Nuevo Pacto y La Deidad de Jesús Cristo", llamó a Ananías, *"un observador devoto de la ley y altamente respetado por los judíos"*. Mientras usted se prepara para servir al Señor en su iglesia y comunidad, nunca olvide que la gente no solamente está escuchando lo que usted dice, sino que también está observando lo que usted hace. Si nosotros vamos a ofrecer un servicio de calidad en el nombre de Dios, debemos mantener una buena reputación.

Sirviendo bajo la unción

La segunda llave para lograr un servicio de calidad, es la unción. Los apóstoles querían asegurarse de que el Espíritu Santo ungiera a los hombres quienes servirían a la Iglesia. La palabra ungido significa, estar lleno o saturado. Como el origen de la Iglesia fue inspirado divinamente, parece bien que su desarrollo debe ser dirigido por hombres quienes están llenos del Espíritu Santo.

Anote el mandamiento de los apóstoles en el versículo tres: *"Buscad, pues, hermanos, de entre vosotros a siete varones de buen testimonio, llenos del Espíritu Santo y de sabiduría"*. Cuando se trataba de servir al cuerpo de Cristo en el primer siglo, se le dijo a la Iglesia que escogiese hombres de buena reputación quienes estuviesen *"llenos del Espíritu Santo"*. Si ellos hubiesen escogido hombres de buena reputación solamente, la elección se hubiere convertido en un concurso de popularidad. Es por eso que también se les mandó que escogiesen hombres llenos del Espíritu Santo.

El Apóstol Pablo es un buen ejemplo de un discípulo de Cristo, sirviendo a la iglesia por el poder del Espíritu Santo. Aunque Pablo era altamente educado, su ministerio era dirigido por el Espíritu Santo, y él se aseguró que sus seguidores y audiencia fueran testigos de la demostración del poder de Dios y no solamente de la sabiduría de hombres. Leamos lo que le dice a la iglesia de los corintios acerca de esto:

"Así que, hermanos, cuando fui a vosotros para anunciaros el testimonio de Dios, no fui con excelencia de palabras o de sabiduría. Pues me propuse no saber entre vosotros cosa alguna sino a Jesucristo, y a este crucificado. Y estuve entre vosotros con debilidad, y mucho temor y temblor; y ni mi palabra ni mi predicación fue con palabras persuasivas de humana sabiduría, sino con demostración del Espíritu y de poder, para que vuestra fe no esté fundada en la sabiduría de los hombres, sino en el poder de Dios" (1 Corintios 2:1-5)

Déjenme compartir mi opinión sobre lo que revelan estos versículos. Noten que la meta del servicio de Pablo fue el demostrar el poder de Dios para que su audiencia pusiera su fe en Dios, y no sólo en él (Pablo). Puedo asegurarles que cuando hombres llenos del Espíritu Santo sirven a la iglesia, la gente pone su fe en el Poder de Dios y no en la sabiduría de ellos. ¡Eso es servicio de calidad! La gente poniendo su fe en aquél que nos ha llamado a servir y no solamente en sus siervos. Aquí le entrego tres porciones adicionales para su consideración, mientras busca ser lleno del Espíritu Santo:

"No os embriaguéis con vino, en lo cual hay disolución; **antes bien sed llenos del Espíritu**, *hablando entre vosotros con salmos, con himnos y cánticos espirituales, cantando y alabando al Señor en vuestros corazones; dando siempre gracias por todo al Dios y Padre, en el nombre de nuestro Señor Jesucristo" (Efesios 5:18-20).*

"Digo, pues: **Andad en el Espíritu**, *y no satisfagáis los deseos de la carne. Porque el deseo de la carne es contra el Espíritu, y el del Espíritu es contra la carne; y éstos se oponen entre sí, para que no hagáis lo que quisiereis. Pero si sois* **guiados por el Espíritu, no estáis bajo la ley***" (Gálatas 5:16-18)*

"En el primer tratado, oh Teófilo, hablé acerca de todas las cosas que Jesús comenzó a hacer y a enseñar, hasta el día en que fue recibido arriba, después de haber dado mandamientos por el Espíritu Santo a los apóstoles que había escogido; a quienes también, después de haber padecido, se presentó vivo con muchas pruebas indubitables, apareciéndoseles durante cuarenta días y hablándoles acerca del reino de Dios. Y estando juntos, les mandó que no se fueran de Jerusalén, sino que esperasen la promesa del Padre, la cual, les dijo, oísteis de mí. Porque Juan ciertamente bautizó con agua, más vosotros seréis bautizados con el Espíritu Santo dentro de no muchos días. Entonces los que se habían reunido le preguntaron, diciendo: Señor, ¿restaurarás el reino a Israel en este tiempo? Y les dijo: No os toca a vosotros saber los tiempos o las sazones, que el Padre puso en su sola potestad; **pero recibiréis poder, cuando haya venido sobre vosotros el Espíritu Santo,** y me seréis testigos en Jerusalén, en toda

Judea, en Samaria, y hasta lo último de la tierra" (Hechos 1:1-8).

En el próximo libro de la serie estaremos entrando más profundo al estudio del Espíritu Santo. Por ahora, busque ser lleno del Espíritu Santo y así será usado por Dios de una manera poderosa, y la gente verá en usted el poder de Dios.

Sirviendo con sabiduría

La tercera llave para un servicio de calidad, mencionada en Hechos capítulo seis, es la **sabiduría**. La sabiduría es el poder o la habilidad para aplicar el conocimiento que uno ha recibido. En términos espirituales, la sabiduría es la capacidad de pensar y vivir de acuerdo a la verdad, los caminos, y el diseño de Dios. Según nuestro texto, la iglesia temprana elegía hombres quienes poseían sabiduría de Dios para servir y dirigir en el camino que debían tomar.

El servir a la iglesia es un gran reto. La iglesia está formada por personas diferentes, con diferentes personalidades, quienes

vienen con diferentes estilos de vida. Por lo tanto, estas personas piensan diferente, responden diferente hacia los problemas, y, sobre todo, esperan cosas diferentes. Unos demandan más, otros son más conversadores, otros son perfeccionistas, mientras que otros son más tolerantes. Estos son solamente algunos retos que la Iglesia enfrenta diariamente. Nuestro ministerio no será eficiente o efectivo a menos que nosotros aprendamos a servir con sabiduría.

Algunos quizás pregunten, ¿cómo se recibe la sabiduría de Dios? La sabiduría se recibe de la misma manera que recibimos toda gracia espiritual, ¡pidiéndosela a Dios! En el libro de

Santiago se nos dice: *"Si a alguno de ustedes le falta sabiduría, pídasela a Dios, y él se le dará, pues Dios da a todos generosamente sin menospreciar a nadie" (Santiago 1:5).*

La primera cosa que usted debe notar aquí es la palabra "ustedes". Esto significa que Dios no tiene prejuicios y no se limita a sí mismo a escoger sólo cierto tipo de persona o género. Dios no hace acepción de personas y su invitación para recibir sabiduría es para todos. Todo lo que tenemos que hacer es pedir. Lo segundo a lo que usted debe prestar atención es al hecho de que Dios da Su sabiduría a todos *"Dios da a todos generosamente sin menospreciar a nadie".* La Biblia amplificada usa la frase *"para todo el mundo, liberalmente y sin resentimiento, ni reproche o encontrando falta".* En otras palabras, Dios no señala o escoge sólo a las personas que son lo suficientemente buenas o dignas para darles su sabiduría. El simple hecho de que pedimos la sabiduría, nos revela que estamos en necesidad de ella. Dios está en el asunto de suplir lo que necesitamos para que Su obra pueda ser establecida en la tierra. Él no está envuelto en el asunto de encontrar faltas. Si usted no me cree, entonces pregúntele a la mujer que fue encontrada en un acto de adulterio. Cuando los fariseos la trajeron a Jesús, en vez de apedrearla (como decía la ley), Él encontró una manera de liberarla de sus acusadores y entonces dijo: *"Vete y no peques más" (Juan 8:11).* El autor mencionó esto en el texto para revelar y exponer nuestra condición humana. Las trivialidades y debilidades previenen a algunos cristianos de pedirle alguna vez ayuda a Dios y por esto Santiago se aseguró de decir que Dios da sabiduría sin reproche.

Para cerrar, permítanme dejarles con las palabras de un hombre quien comenzó su ministerio, no pidiéndole a Dios dinero, o las últimas técnicas de liderazgo, sino pidiéndole a Dios sabiduría. Estas son las palabras del Rey Salomón, inspirado por el Espíritu Santo:

"Los proverbios de Salomón, hijo de David, rey de Israel. Para entender sabiduría y doctrina, Para conocer razones prudentes, Para recibir el consejo de prudencia, Justicia, juicio y equidad; Para dar sagacidad a los simples, Y a los jóvenes inteligencia y cordura. Oirá el sabio, y aumentará el saber, Y el entendido adquirirá consejo" (Proverbios 1:1-5).

"Hijo mío, si recibieres mis palabras, Y mis mandamientos guardares dentro de ti, Haciendo estar atento tu oído a la sabiduría; Si inclinares tu corazón a la prudencia, Si clamares a la inteligencia, Y a la prudencia dieres tu voz; Si como a la plata la buscares, Y la escudriñares como a tesoros, Entonces entenderás el temor de Jehová, Y hallarás el conocimiento de Dios. Porque Jehová da la sabiduría, Y de su boca viene el conocimiento y la inteligencia. El provee de sana sabiduría a los rectos; Es escudo a los que caminan rectamente" (Proverbios 2:1-7).

Recuerde que usted es *"hechura de Dios, creado en Cristo Jesús para buenas obras"*. Jesús le salvó para que pueda ser un instrumento de salvación para otros. Mientras crece en fe, sirva al Señor con sabiduría, manténgase lleno del Espíritu Santo y vigile su reputación. El servir a Dios es el mejor trabajo en la tierra por lo que hay que servirle con integridad, sabiduría, y entusiasmo.

Las Ordenanzas de la Iglesia

Entendiendo el Bautismo en Agua y la Santa Cena

De acuerdo al Nuevo Testamento, se le ha dado dos ordenanzas a la Iglesia: El Bautismo en Agua, y la Santa Cena. Ambos fueron dados a nosotros como un testimonio del amor, la gracia y el poder del único Dios verdadero que cambia las vidas. El Bautismo en Agua y la Santa Cena (Santa Comunión), han sido practicados por la Iglesia desde el principio de su existencia y en esta lección vamos a captar el entendimiento básico de ambos.

El Bautismo en Agua

"¿Qué, pues, diremos? ¿Perseveraremos en el pecado para que la gracia abunde? En ninguna manera. Porque los que hemos muerto al pecado, ¿cómo viviremos aún en él? ¿O no sabéis que todos los que hemos sido bautizados en Cristo Jesús, hemos sido bautizados en su muerte? Porque somos sepultados juntamente con él para muerte por el bautismo, a fin de que como Cristo resucitó de los muertos por la gloria del Padre, así también nosotros andemos en vida nueva"

(Romanos 6:1-4).

En los versículos anteriores, el Apóstol Pablo explica el simbolismo del bautismo. El bautismo simboliza la muerte, sepultura y resurrección del Señor Jesucristo. Ya hemos explicado en las lecciones pasadas, cómo Jesús murió por nuestros pecados en la cruz y cómo Él resucitó de la tumba tres días después. El bautismo entonces, es un acto de obediencia llevado a cabo por todos los cristianos verdaderos como un testimonio de que la persona se identifica con la muerte, sepultura y resurrección de Jesús.

Simboliza la muerte de Jesús

El primer punto que queremos repasar acerca del bautismo en agua, es la muerte. El texto dice que *"todos quienes fueron bautizados en Cristo, fueron bautizados en su muerte"*. Esto significa que, como seguidores de Jesús, voluntariamente nos rendimos totalmente a Dios muriendo a nuestro estilo de vida de pecado. Esto fue una de las cosas que Jesús estaba enseñando a Sus discípulos cuando les dijo que tenían *"que tomar su cruz, negarse a sí mismos diariamente y seguirlo" (Mateo 16:24).* La cruz simboliza muerte y cuando una persona decide seguir a Cristo, debe llevar su cruz diariamente (muriendo al pecado), mientras va en su viaje cristiano. Pablo explica más sobre esto en los versículos del cinco hasta el once: *"Porque si fuimos plantados juntamente con él en la **semejanza de su muerte**, así también lo seremos en la de su resurrección; sabiendo esto, **que nuestro viejo hombre fue crucificado juntamente con él**, para que el cuerpo del pecado sea destruido, **a fin de que no sirvamos más al pecado**. Porque el que ha muerto, ha sido justificado del pecado. Y si morimos con Cristo, creemos que también viviremos con él; sabiendo que Cristo, habiendo resucitado de los muertos, ya no muere; la muerte no se enseñorea más de él. Porque en cuanto murió,* *al pecado murió una vez por todas; más en cuanto vive, para Dios vive.* ***Así también vosotros consideraos muertos al pecado****, pero vivos para Dios en Cristo Jesús, Señor nuestro" (Romanos 6:5-11).*

Por lo tanto, mientras el creyente se prepara para el bautismo en agua, debe entender que se está identificando con la muerte de Cristo, quién murió por nuestros pecados, para que ya no fuésemos esclavos del pecado.

Simboliza la sepultura de Jesús

El segundo punto que el bautismo en agua simboliza, es la sepultura de Jesús. La Biblia nos enseña que Jesús murió y fue sepultado. La palabra sepultado significa depositar en la tierra o sumergir. En el bautismo en agua. El creyente es tomado de una posición sobre el agua y es sumergido debajo del agua. Este punto nos enseña adonde pertenece nuestro estilo de vida pecaminosa: a la tumba. Una vez que decidimos seguir a Cristo, no hay lugar para el pecado en nuestra vida. Debemos recordarnos a nosotros mismos continuamente, que la esclavitud al pecado es parte de nuestro pasado y éste está sepultado en un lugar que nunca más debemos visitar.

Escuche la voz del profeta Miqueas, quien está comunicando lo que Dios hará por Su gente: *"¿Qué Dios como tú, que perdona la maldad, y olvida el pecado del remanente de su heredad? No retuvo para siempre su enojo, porque se deleita en misericordia El volverá a tener misericordia de nosotros;* ***sepultará nuestras iniquidades, y echará en lo profundo del mar todos nuestros pecados"*** *(Miqueas 7:18,19).*

El Rey David nos da su punto de vista sobre el tema de la localización de nuestro pecado cuando él escribió: *"Cuanto está lejos el oriente del occidente, Hizo alejar de nosotros nuestras rebeliones" (Salmo 103:12).*

De acuerdo con la Biblia, nuestros pecados pertenecen a un lugar muy lejos de nosotros. Miqueas los coloca en las profundidades del mar y David las coloca muy lejos de nosotros, y nunca debemos visitarlos. En el bautismo en agua, anunciamos que la vida pecaminosa de pecado que nos enlazó muy fácilmente en el pasado, está muerta y sepultada.

Simboliza la resurrección de Jesús

El punto final que el bautismo en agua simboliza, es la resurrección. Jesús no sólo murió y fue sepultado, pero como ya se le ha enseñado, Él se levantó de la tumba. La resurrección de Jesús es uno de los eventos más importantes que acontecieron en la tierra. Pablo dice que, si Jesús no hubiese resucitado, entonces, nuestra fe es en vano (1 Corintios 15:17). El hecho de que Jesús se levantó de la tumba, nos da la seguridad de que nosotros también podemos levantarnos, en Cristo, de un estilo de vida de pecado.

La Biblia llama esta resurrección del creyente una vida nueva. En Cristo Jesús se nos ha dado una nueva vida que comienza aquí en la tierra y continuará a través de la eternidad. En el bautismo, nosotros nos identificamos no solamente con la muerte y sepultura de un estilo de vida de pecado, pero con una nueva vida en Cristo Jesús. En esta nueva vida, tenemos el poder para pensar diferente, hablar diferente y cambiar a la manera en que miramos la vida. La manera en que miramos la vida cambia porque venimos a entender que en Cristo Jesús tenemos un futuro brillante.

Esta nueva vida dada por Cristo, revela dos principios básicos que motivarán su camino de fe. Primeramente, nos enseña que esta nueva vida es un producto de un nuevo espíritu que Dios ha impartido en cada creyente verdadero. De acuerdo a la Biblia, el Espíritu Santo de Dios habita dentro de nosotros. Pablo comparte esta verdad profunda con la Iglesia en Corintio, escuchen:

*"¿No sabéis que sois templo de Dios, y que el Espíritu de Dios **mora en vosotros**?" (1 Corintios 3:16)*

*"¿O ignoráis que vuestro cuerpo es templo del Espíritu Santo, **el cual está en vosotros**, el cual tenéis de Dios, y que no sois vuestros?" (1 Corintios 6:19)*

*"¿Y qué acuerdo hay entre el templo de Dios y los ídolos? Porque vosotros sois el templo del Dios viviente, como Dios dijo: **Habitaré y andaré entre ellos**, Y seré su Dios, Y ellos serán mi pueblo" (2 Corintios 6:16).*

Dios nos ha dado Su Espíritu Santo y es a través del Espíritu Santo que nosotros podemos caminar en esta nueva vida. Nunca olvide que usted es el templo de Dios, y Dios mismo vive dentro de usted.

Segundo, esta nueva vida viene con un nuevo Señor, Jesucristo. Esto significa que ya no debemos conformarnos al concepto de este mundo, sino que, somos transformados por la enseñanza de Jesús. Pablo comparte esta verdad con la iglesia en Roma diciéndoles: *"No se amolden al mundo actual, sino sean transformados mediante la renovación de su mente. Así podrán comprobar cuál es la voluntad de Dios, buena, agradable y perfecta" (Romanos 12:2).*

El Apóstol Juan confirma esto cuando dijo a sus oidores: *"No amen al mundo ni nada de lo que hay en él. Si alguien ama al mundo, no tiene el amor del padre. Porque nada de lo que hay en el mundo, los malos deseos del cuerpo, la codicia de los ojos y la arrogancia de la vida, proviene del padre, sino del mundo. El mundo se acaba con sus malos deseos, pero el que hace la voluntad de Dios permanece para siempre" (1 Juan 2:15,16).*

Por cuanto Jesús es nuestro Señor, nosotros voluntariamente rendimos nuestra vida a Él en un servicio obediente. Sus seguidores deben rechazar cualquier cosa que contradiga el estilo de vida y las enseñanzas de Cristo. Vivimos en este mundo, pero no somos de este mundo (Juan 15:19). Nuestro reino es eterno. Mientras prepara su corazón para seguir a Cristo, siendo bautizado en agua, recuerde que está identificándose con Su muerte, sepultura, y resurrección. En Jesús, su estilo de vida de pecado ha sido puesto a muerte y ha sido sepultado o enterrado. Él le ha dado una nueva vida por el poder del Espíritu Santo y usted es un testigo de Cristo, destinado a enseñarle al mundo las grandes obras de Dios.

La Santa Comunión

La segunda ordenanza dada a la Iglesia por el Señor Jesucristo, es la Santa Comunión. La Santa Comunión es conocida también como la Santa Cena y es un testimonio al mundo y un acto de conmemoración para el creyente. Esta enseñanza es tomada de la historia de la última cena de Jesús con Sus discípulos en la noche en que fue traicionado. Este evento se encuentra en tres de los cuatro evangelios y revela los principios básicos, los cuales son practicados por todo creyente verdadero. Consideramos el relato del Dr. Lucas:

"Cuando llegó la hora, Jesús y sus apóstoles se sentaron a la mesa, entonces les dijo: he tenido muchísimos deseos de comer esta pascua con ustedes antes de padecer, pues les digo que no volveré a comerla hasta que tenga su pleno cumplimiento en el reino de Dios. Luego tomó la copa, dio gracias y dijo: tomen esto y repártanlo entre ustedes. Les digo que no volveré a beber del fruto de la vid hasta que venga el reino de Dios. También tomó pan y, después de dar gracias, lo partió, se lo dio a ellos y dijo: este pan es mi cuerpo, entregado por ustedes; hagan esto en memoria de mí. De la misma manera tomó la copa después de la cena y dijo: ésta copa es el nuevo pacto en mi sangre, que es derramada por ustedes" (Lucas 22:14-21).

El pan

Lo primero que notamos en la mesa de la Santa Cena es el pan. Jesús nos enseña que el pan simboliza Su cuerpo, el cuál fue quebrantado por nosotros en la cruz del calvario. Cuando la iglesia celebra la Santa Cena, está tomando el pan reflexionando en el sufrimiento que soportó Cristo. Cuando recordamos cuánto sufrió Jesús, somos motivados a soportar los sufrimientos que son comunes para el cristiano. Cuando tomamos el pan, estamos diciendo que estamos dispuestos a sufrir por la causa de Cristo y testificamos que el creyente a veces tiene que soportar tribulaciones y sufrimientos por un tiempo. Esto es importante recordarlo, porque mientras seguimos caminando con Cristo, vamos a experimentar muchas bendiciones, milagros, y avivamientos, pero nunca debemos olvidar que la vida tiene la tendencia de traernos alguna tormenta ocasional. Entre más preparados estemos, mayor será nuestra habilidad para salir de la prueba victoriosa. Pablo comparte esta verdad con la iglesia de Filipo:

"Hermanos, quiero que sepan que, en realidad, lo que me ha pasado ha contribuido al avance del evangelio. Es más, se ha hecho evidente a toda la guardia del palacio y a todos los demás que estoy encadenado por causa de Cristo. Gracias a mis cadenas, ahora más que nunca la mayoría de los hermanos, confiados en el señor, se han atrevido a anunciar sin temor la palabra de Dios" (Filipenses 1:12-14).

"Es más, todo lo considero pérdida por razón del incomparable valor de conocer a Cristo Jesús, mi señor. Por él, lo he perdido todo, y lo tengo por estiércol, a fin de ganar a Cristo y encontrarme unido a él. No quiero mi propia justicia que procede de la ley, sino la que se obtiene mediante la fe en Cristo, la justicia que procede de dios, basada en la fe. Lo he perdido todo a fin de conocer a Cristo, experimentar el poder que se manifestó en su resurrección, participar en sus sufrimientos y llegar a ser semejante a él en su muerte" (Filipenses 3:8-10).

Pablo tenía entendimiento claro del hecho de que la experiencia cristiana incluye épocas de sufrimientos y tiempos de pruebas. Cuando estamos dispuestos a ser testigos, aún en medio del sufrimiento, entonces estamos verdaderamente testificando todo el evangelio de Cristo Jesús. El Jesús de la Biblia no solo experimento milagros, sino que también experimentó dolor y sufrimiento. Es cierto que Dios va a suplir todas sus necesidades y sanar su enfermedad, pero es también cierto que mientras espera y cree en Dios para su milagro, la realidad de su circunstancia puede causar alguna incomodidad y quizás algún dolor. La bendición que el pan simboliza, es que al igual que como Jesús sufrió y fue levantado, a nosotros también se nos asegura de un fin a nuestro dolor y que podemos descansar en paz sabiendo que Jesús pasó también por lo mismo y está con nosotros siempre.

La copa

Lo segundo que vemos sobre la mesa, es la copa. Nuestro texto declara que Jesús también tomó la copa después de la cena diciendo: *"Esta copa es el nuevo pacto en mi sangre, la cual es derramada por ti"*. La copa simboliza la sangre de Cristo que fue derramada por nosotros en la cruz. Esto es importante porque la Biblia declara que *"Sin el derramamiento de sangre no hay perdón de pecados" (Hebreos 9:22)*. La palabra perdón significa cubrir, cancelar, quitar o borrar. De modo que para que nuestros pecados sean cubiertos, perdonados, borrados o quitados, debe haber un sacrificio de sangre.

Dios les dio un mandato a los hijos de Israel en cuanto a los sacrificios de animales (Antiguo Testamento), para que sus pecados pudieran ser cubiertos. Era necesario que ellos trajesen un animal adecuado para que los sacerdotes lo sacrificaran a Dios. El autor del libro de Hebreos menciona esta verdad escritural en el capítulo nueve:

*"Pero Cristo ya vino, y ahora él es el Sumo Sacerdote de los bienes definitivos. El santuario donde él actúa como sacerdote es mejor y más perfecto, y no ha sido hecho por los hombres; es decir, no es de esta creación. Cristo ha entrado en el santuario, **ya no para ofrecer la sangre de chivos y becerros**, sino su propia sangre; ha entrado una sola vez y para siempre, y ha obtenido para nosotros la liberación eterna. **Es verdad que la sangre de los toros y chivos, y las cenizas de la becerra que se quema en el altar, las cuales son rociadas sobre los que están impuros, tienen poder para consagrarlos y purificarlos por fuera.** Pero si esto es así, ¡cuánto más poder tendrá la sangre de Cristo! Pues por medio del Espíritu eterno, Cristo se ofreció a sí mismo a Dios como sacrificio sin mancha, y su sangre limpia nuestra conciencia de las obras que llevan a la muerte, para que podamos servir al Dios viviente... Moisés anunció todos los mandamientos de la ley a todo el pueblo; después tomó lana roja y una rama de hisopo, las mojó **en la sangre de los becerros y los chivos** mezclada con agua, y roció el libro de la ley y también a todo el pueblo. Entonces les dijo: "**Esta es la sangre que confirma la alianza** que Dios ha ordenado para ustedes." Moisés roció también con sangre el santuario y todos los objetos que se usaban en el culto. Según la ley, casi todo tiene que ser purificado con sangre; y no hay perdón de pecados si no hay derramamiento de sangre"* (Hebreos 9:11-22 / D.H.H.).

Este es un punto clave a través de toda la Biblia. Dios estableció que el perdón sería recibido sólo como un resultado de un sacrificio de sangre. Este sacrificio en el Antiguo Testamento se hacía a través de la sangre de ciertos animales como cabras, corderos, o becerros. Hoy en día, bajo el nuevo pacto, el perdón se basa en el sacrificio de Jesús en el madero. La sangre que fue derramada por Jesús no sólo cubrió nuestro pecado, sino borró nuestro pecado.

En los evangelios encontramos distintos pasajes donde Juan el Bautista estaba bautizando discípulos para el perdón de sus pecados. Cuando Jesús apareció para ser bautizado, Juan hizo la siguiente declaración: *"He aquí el cordero que quita el pecado del mundo" (Juan 1:29)*. Noten que Jesús era el cordero que "quita" el pecado del mundo. Bajo el antiguo pacto, el pecado era cubierto; bajo el nuevo pacto de Jesús, el pecado fue quitado.

En conclusión, déjeme tomar su atención hacia la frase, *"hagáis esto en memoria de mí" (Lucas 22:19)*. La Santa Cena, no es sólo un testimonio al que no es creyente, pero ésta trae motivación o ánimo al creyente. Las siguientes son tres verdades bíblicas que debemos recordar cada vez que celebramos la cena del Señor.

Jesús inicio un pacto nuevo y mejor

Primeramente, la cena del Señor nos recuerda que somos parte de un "nuevo pacto". La palabra pacto significa un acuerdo formal, promesa, o compromiso. Por los méritos de Cristo, Dios ha entrado en un nuevo pacto con el hombre. De acuerdo a la Biblia, el nuevo pacto es mejor que el antiguo. El autor del libro de Hebreos, lo establece así: *"a Jesús el Mediador del nuevo pacto, y a la sangre rociada que habla mejor que la de Abel" (Hebreos 12:24 / D.H.H.)*. Y otra vez:

"Por lo cual, este es el pacto que haré con la casa de Israel después de aquellos días, dice el Señor: Pondré mis leyes en la

*mente de ellos, Y sobre su corazón las escribiré; Y seré a ellos por Dios, Y ellos me serán a mí por pueblo; Y ninguno enseñará a su prójimo, Ni ninguno a su hermano, diciendo: Conoce al Señor; Porque todos me conocerán, Desde el menor hasta el mayor de ellos. Porque seré propicio a sus injusticias, Y nunca más me acordaré de sus pecados y de sus iniquidades. **Al decir: Nuevo pacto**, ha dado por viejo al primero; y lo que se da por **viejo** y se envejece, está próximo a desaparecer" (Hebreos 8:10-13).*

Note la palabra *"viejo"* la cual significa que ya no está en uso, fuera de fecha, no está prevaleciente. El nuevo pacto establecido por Cristo Jesús es mejor porque ha hecho al antiguo pacto obsoleto y de acuerdo al texto, se está envejeciendo y pronto va a desaparecer. Esto no significa que no podemos hacer buen uso del Antiguo Testamento para la educación de hoy. El Antiguo Testamento es de buen uso para el creyente del nuevo pacto. Sin embargo, debemos siempre interpretar las enseñanzas del Antiguo Testamento a la luz de las verdades reveladas en el Nuevo Testamento y de allí encontrar un balance, discerniendo qué es, y qué no es, pertinente para nosotros hoy (por ejemplo, los sacrificios de animales). Como está escrito:

*"Por eso es mediador de **un nuevo pacto**, para que interviniendo muerte para la remisión de las transgresiones que había bajo el primer pacto, los llamados reciban la promesa de la herencia eterna" (Hebreos 9:15).*

Jesús nos hizo herederos de la salvación

El segundo punto que debemos recordar cada vez que participamos de la Santa Cena del Señor, es el hecho de que somos herederos de la salvación. Usted ya ha aprendido bastante sobre la salvación al principio de los primeros capítulos de este libro. Esos principios son fundamentales y necesitan permanecer claros en nuestra mente, y el tomar parte regularmente en la cena del Señor, nos ayudará a recordar los beneficios y el valor de la salvación. Sin embargo, por cuanto aquellos que han sido salvos también han sido libertados de la esclavitud del pecado, cada vez que usted se para delante de la mesa del Señor (Santa Cena), usted se acordará que puede decir no a cualquier pecado que el diablo pueda ponerle para tentarlo. Si usted siente que los sacrificios que hace para obedecer a Dios tienen un precio muy alto, la Santa Cena le recordará que Jesús hizo un sacrificio más grande, recibiendo una gran recompensa por Su obediencia. Nosotros también recogeremos una gran cosecha, si no desmayamos.

En conclusión, la cena del Señor nos recuerda que somos de Él. Nosotros pertenecemos a Cristo Jesús. Él nunca nos dejará o nos desamparará (Hebreos 13:5). Nosotros somos la justicia de Dios en Cristo Jesús (2 Corintios 5:21). Todo lo que hizo en el Antiguo y Nuevo Testamento, cada promesa que Él hizo, fue para el beneficio de Sus herederos. Como está escrito:

*"El Espíritu mismo le asegura a nuestro espíritu que somos hijos de Dios. Y si somos hijos, **somos herederos; herederos de Dios** y coherederos de Cristo, pues si ahora sufrimos con él, también tendremos parte con él en su gloria" (Romanos 8:16-17).*

*"Y si vosotros sois de Cristo, ciertamente linaje de Abraham sois, y **herederos** según la promesa"* (Gálatas 3:29).

Por el sacrificio del Señor Jesús en la cruz, hemos recibido grandes y preciosas promesas. Somos herederos de Dios y ahora estamos disfrutando en armonía con Dios y Su iglesia. Tenemos acceso a la sanidad divina y tenemos el poder, por Su Espíritu, para vivir una vida de dominio propio que nos dará el poder para prosperar.

Jesús regresará a la tierra

Pienso que lo último que debemos recordar cuando celebramos la Santa Cena es el hecho de que Jesús prometió que regresaría. Mientras nos acercamos a la mesa del Señor, se nos recuerda que Jesús regresará y establecerá Su reino en la tierra. En nuestro texto base, Jesús dice a sus discípulos: *"Les digo que no tomaré otra vez del fruto de la viña hasta que venga el Reino de Dios"* (Lucas 22:16). Esto es importante porque la vida tiene un modo de sobrecargarnos al punto de que comenzamos a sentirnos exhaustos y hasta frustrados. Nos mantenemos ocupados con nuestros trabajos, con nuestros ministerios y diligentemente tratando de lograr nuestro propósito en la vida. La cena del Señor es un recordatorio, en medio de un mundo caótico, de que el Reino está a la mano. Demos un ligero vistazo a algunas escrituras que confirman la esperanza de Su regreso:

*"Porque, así como el relámpago que sale del oriente se ve hasta en el occidente, **así será la venida del hijo del hombre...** La señal del hijo del hombre aparecerá en el cielo, y se*

angustiarán todas las razas de la tierra. **Verán al hijo del hombre venir sobre las nubes del cielo con poder y gran gloria**" *(Mateo 24:27,30).*

"Habiendo dicho esto, mientras ellos lo miraban, fue llevado a las alturas hasta que una nube lo ocultó de su vista. Ellos se quedaron mirando fijamente al cielo mientras él se alejaba. De repente, se les acercaron dos hombres vestidos de blanco, que les dijeron: galileos, ¿qué hacen aquí mirando al cielo? Este mismo Jesús, que ha sido llevado de entre ustedes al cielo, **vendrá otra vez de la misma manera que lo han visto irse**" *(Hechos 1:9-11).*

"**¡Miren que viene en las nubes!** *Y todos lo verán con sus propios ojos, incluso quienes lo traspasaron; y por él harán lamentación todos los pueblos de la tierra. ¡Así será! Amén" (Apocalipsis 1:7).*

Estas son las ordenanzas de salvación para la Iglesia de Jesucristo. Aquellos que creen, son llamados a seguirle por el bautismo en agua, y conmemorarle juntándose con otros creyentes alrededor de la mesa del Señor, regularmente.

Mientras usted continúa creciendo en su nueva fe, usted aprenderá mucho más y oirá muchas cosas referentes a Jesús, la Iglesia, el mundo y la Biblia. El fundamento de la salvación que usted ha recibido, será su guardia de seguridad en contra del cualquier falso maestro, o falso ministro que están perdidos en el mundo. Nunca olvide que usted es salvo por gracia, a través de la fe en Cristo Jesús. Él nunca lo dejará y nunca le desamparará. No importa el reto que se le presente; no se rinda y nunca deje de tomar pasos hacia la meta que está en Cristo Jesús. Que las bendiciones de nuestro Señor Jesucristo se manifiesten continuamente en su vida.

Como iniciar una Academia de Discipulado en su iglesia

Hemos creado la Academia de Discipulado para proveer un recurso que servirá para asistir a los pastores en el proceso de formar a los nuevos creyentes a la imagen y semejanza de

Cristo. Hemos simplificado este sistema para que sea fácil de ser implementado en cualquier iglesia (pequeño o grande) con el fin de que el ministerio local puede comenzar a desfrutar de sus frutos lo más antes que sea posible. Los puntos que siguen son vitales para el desarrollo fructífero de su Academia de Discipulado.

El currículo

El primer paso para iniciar una Academia de discipulado en la iglesia local es el de estar familiarizado con el currículo. Si el pastor está muy ocupado en el ministerio, esta tarea puede ser delegada a uno de sus líderes. Nuestro curso de discipulado consiste en cinco niveles de entrenamiento y cada uno tiene una concentración específica para que el discípulo sea adecuadamente preparado en la misma. El currículo consiste en un libro de texto para el maestro (La Academia de Discipulado) y cinco manuales de trabajo para el alumno. Los cinco niveles de entrenamiento son:

La escuela de adorares – el enfoque del primer nivel es de enseñar al creyente como desarrollar una vida espiritual íntima con Jesucristo.

La escuela de evangelismo – el enfoque del segundo nivel es enseñar al creyente cómo compartir el evangelio de Jesucristo con otros.

La escuela de mentoría – en el tercer nivel el creyente es orientado en cómo cuidar y afirmar a las personas que él o ella ha ganado para Cristo

La escuela del ministerio – en el cuatro nivel el discípulo es orientado en como descubrir y desarrollar los dones que

Dios les ha dado con el fin de participar como voluntario en la iglesia local.

La escuela de líderes – en el último nivel enseñamos al creyente a cómo ser un líder en su hogar, en la iglesia y en su comunidad. Al completar los cinco niveles de entrenamiento, estará listo para ser colaborador en la expansión del reino de nuestro señor, trabajando arduamente para el avance de la iglesia local.

El director de la Academia

Después de estar familiarizado con el currículo de la Academia de Discipulado, la próxima tarea es de establecer un director de la Academia. Algunas de las funciones del director son: (1)

Dirigir el equipo de liderazgo de la Academia que consiste en un asistente y un secretario/tesorero; (2) supervisar todos los aspectos de la academia;

(3) someter un reporte mensual de la academia al pastor; (4) reunir con los maestros/mentores de la academia una vez al mes para dialogar con ellos sobre su ministerio de discipulado con el fin de inspíralos, apoyarlos y perfeccionarlos; (5) establecer los horarios donde los maestros y alumnos tendrán sus reuniones; (6) organizar el retiro de discipulado (nivel 1); organizar el retiro de líderes (nivel 5). Nombramiento del equipo de líderes de la Academia debe ser bajo la supervisión del pastor local o según los reglamentos de la iglesia.

El asistente al director

El asistente al director de la Academia de Discipulado es responsable por dirigir el equipo de seguimiento de la iglesia local. Este equipo es responsable de registrar y asimilar cada persona que se convierte a Cristo en el ministerio de la iglesia. El asistente constantemente está revisando la lista de registro de nuevos convertidos, con el director, para crear una lista de personas que desean comenzar a estudiar en la Academia de Discipulado. Nombramiento para los miembros del equipo de seguimiento, que dirige el asistente director de la Academia, serán en colaboración del equipo del liderazgo de la Academia y con la aprobación del pastor. El asistente también ayudara al director en todo lo que sea a su alcance.

El secretario/tesorero

El secretario/tesorero de la Academia de Discipulado es un apoyo administrativo y espiritual del líder y su asistente. Parte de sus responsabilidades administrativas son: (1) mantener el registro de los nuevos convertidos de la congregación; (2) colectar las asistencias de cada grupo de discipulado, compiladas por la secretaria del grupo, y archivarlos para el reporte mensual; (3) mantener un registro de las ofrendas de cada grupo y los fundos de la colecta de los libros pagados; (4) ordenar los libros de discipulado asegurando que cada grupo tenga sus libros a tiempo.

Los maestros/mentores

La próxima tarea es de establecer un equipo de maestros/mentores que serán responsable de supervisar la formación espiritual de sus alumnos enseñándole la materia de cada lección en el libro y apoyándoles en sus proyectos. En nuestro sistema, asignamos dos líderes para cada grupo de discipulado desde su inicio y continuaran con ellos hasta que cumplen los cinco niveles de la academia. De esta manera, el discípulo disfrutara de una formación estable y consistente.

Reglamentos de la Academia

Cada lección de estudio de la Academia de Discipulado contiene información práctica y pasajes bíblicos para la edificación del creyente. La mayoría de las lecciones en cada nivel pueden ser ministradas por el maestro/mentor, a sus discípulos, en una hora de clase. Las lecciones que son más extensos deben ser divididos en dos clases (ninguna lección debe ser dividido en tres clases). Si siguen este modelo, el alumno podrá completar la academia en un año y medio. Los reglamentos que siguen deben ser considerados por cada maestro/mentor:

Todo estudiante de la Academia debe completar los cinco niveles de discipulado para poderse graduar.

Todo estudiante debe cumplir con los proyectos de discipulado de cada módulo antes de ser promovidos al próximo nivel (véase a *los proyectos del discípulo*).

Todo estudiante debe completar un mínimo de ocho lecciones en cada nivel para ser promovidos al próximo nivel.

Todo estudiante debe venir completamente preparado a la clase para el estudio (con la Biblia, el libro de texto o el cuaderno, y una libreta de apuntes).

Para los alumnos que están estudiando algún nivel por su cuenta (sin un maestro) y desean recibir de nuestras oficinas un certificado de nuestro ministerio, deberán tomar un examen escrito (provisto por nuestras oficinas) en la presencia de algún oficial de su iglesia.

Toda instrucción o reglamento adicional está a la discreción del maestro.

Los materiales que corresponden a cada nivel están disponibles y pueden ser adquiridos comunicándose con las oficinas de nuestro ministerio al (973) 472-3498 o vía Internet a joaby@aol.com o www.academiadediscipulado.com.

Proyectos del discípulo

Cada nivel de preparación en la Academia de Discipulado viene con la asignación de un proyecto diseñado para la práctica de los principios bíblicos aprendido. En la mayoría de los casos, los maestros/mentores deben de estar presente para supervisar el desarrollo de sus discípulos. Estos proyectos son:

La escuela de adoradores – un retiro espiritual en la iglesia anfitriona con todos los alumnos

La escuela de evangelismo – trabajo personal en las calles, plazas o "mall" de la cuidad

La escuela de mentoría – trabajo personal en los hospitales o asilo de ancianos

La escuela de ministerio – cada alumno debe ser voluntario de uno o varios ministerios de su iglesia local para descubrir donde Dios le está llamando a servir.

La escuela de líderes – cada alumno debe asistir al retiro de líderes en preparación de su graduación. En este retiro, cada alumno compartirá su experiencia de formación con su grupo. La última parte del retiro consistirá en una ceremonia de lavamiento de pies donde el alumno tomara para si un colega, y tomaran turnos para lavar los pies el uno al otro, orando y bendiciendo el uno al otro en el proceso.

El Pacto del Discípulo

Para caminar hacia la madurez en Cristo, y para completar la Academia de Discipulado, me comprometo a:

Leer cada capítulo y completar los autoexámines al final de cada lección para poder participar de forma activa en la clase.

Reunirme cada semana con el grupo y mi maestro/mentor durante una hora de clase para hablar del contenido de la lección.

Dar todo mi corazón al Señor y abrir mi mente con el fin de iniciar un proceso de discipulado progresivo y seguro.

Participar en la clase con el fin de contribuir a un ambiente saludable y sincero respetando los otros alumnos y al maestro/mentor.

Completar cada proyecto del discipulado antes de continuar al próximo nivel de entrenamiento en la Academia.

Mantenerme conectado con los otros alumnos en mi clase y continuar en la Academia de Discipulado hasta que termine todos los niveles de entrenamiento. Pues solo así, podrá graduarme y ser adecuadamente preparado para servir en la iglesia done soy miembro.

Firma del alumno
_____

Firma del maestro
_____

Fecha
_____

Tarjeta del Nuevo Creyente

Nuevo Convertido(a) al Señor Jesucristo

Fecha: _____

Nombre: _____ Edad: _____

Dirección: _____ Apt. _____

Ciudad: _____ C.P. _____

Hijos (children) _____

Nombre (Name) _____ Edad (Age) _____

Nombre (Name) _____ Edad (Age) _____

Nombre (Name) _____ Edad (Age) _____

Invitado por (Invited by) _____

de Teléfono/Telephone: _____

de Celular (Cell phone): _____

Correo Electrónico/Email: _____

Caballero/Male _____ Dama/Female _____

Niño/Child **F** _____ **M** _____ Joven/Youth **F** _____ **M** _____

Escriba su Petición Atrás

Reporte de Seguimiento

Fecha: _____

Nombre	Telefono	Correo electronico	Dias disponible	Comentarios

Reporte Mensual de la Academia

Fecha: _____

Maestro	Nivel	# de alumnos registradas	# alumnos aucente	Libros	Cantidad colectada	Dueda de libros

Auto-Exámenes

#1

Escribe el beneficio de un fundamento sólido. Escribe la referencia bíblica con su respuesta

_____
_____
_____
_____

Explica cómo algunos edifican sus vidas sobre "la arena."

_____
_____
_____
_____

Explica cómo algunos edifican sus vidas sobre "la roca."

¿Según nuestra lección, cuales son algunas prioridades del discípulo de Jesucristo?

¿Cuál es la meta de cada discípulo? Escribe la referencia bíblica con su respuesta

Autoexamen #2

Un discípulo es un _____ y _____ de Jesucristo.

Escriba dos lugares en la Biblia (mencionados en esta lección) en los cuales se enseña que los cristianos tienen que aprender de Dios.

_____

Escriba dos lugares en la Biblia (mencionados en esta lección) en los cuales se enseña que los discípulos de Jesucristo tienen que seguir e imitar a Dios

_____

La disciplina correcta para cada creyente se encuentra:

    a) En los testimonios solamente
    b) En sueños y visiones
    c) En la Biblia
    d) Ninguna

Salvación es cuando su alma ha sido rescatada y libertada del pecado y de la muerte (CIERTO O FALSO).

Autoexamen #3

Escriba lo que significa oración:

_____

_____

_____

En el libro de Lucas capítulo 11, Jesús enseñó a sus discípulos como orar. Escriba los tres puntos del Padre Nuestro que nos ayudarán a orar.

_____

_____

_____

Entre más usted ore, más fácil se le hará. (CIERTO O FALSO).

Escriba dos lugares en la Biblia (mencionados en lección) que enseñan que Dios es nuestro padre.
_____ / _____

Escriba dos lugares en la Biblia (mencionados en lección) que enseña sobre el perdón. _____ / _____

Autoexamen #4

Su habilidad de conocer y _____ la palabra es clave para su éxito como un creyente.

Escriba dos lugares en la Biblia (mencionados en esta lección) donde se enseña que la Biblia es comida espiritual.

_____ / _____

Escribe dos lugares en la Biblia (mencionada en esta lección) que enseña que la Biblia es inspirada por Dios.

_____ / _____

Escribe los nombres de las dos secciones mayores ubicadas en la Biblia:

_____

Escriba las tres secciones mayores ubicadas en el Antiguo Testamento:

_____

Escriba dos lugares en la Biblia (mencionados en esta lección) en los cuales se revela como Dios inspiró a Moisés para comunicar la ley a Israel _____ / _____

La Biblia Católica contiene 14 libros adicionales en su Biblia que se conocen como los libros apócrifos (CIERTO O FALSO).

Autoexamen #5

Escribe lo que significa intimidad espiritual

_____

_____

_____

_____

_____

Escribe lo que significa para ti el hecho que Dios te creo para adorarle

_____

_____

_____

_____

_____

Escribe los peligros de la idolatría

_____

_____

_____

¿Qué significa adorar en "espíritu y en verdad"?

_____

_____

_____

_____

_____

Escribe las diferentes maneras que el creyente puede alabar y adorar a Dios según nuestra lección.

_____

_____

_____

_____

_____

Autoexamen #6

Para poder ir al cielo uno tiene que:

    a) Ser una persona buena
    b) Ir a la iglesia los Domingos
    c) Recibir a Jesús como Señor y Salvador
    d) Todos son correctos

La Biblia enseña que Adán pecó y los seres humanos heredaron una naturaleza pecaminosa. (CIERTO o FALSO)

Escriba dos lugares en la Biblia (mencionados en esta lección) en los cuáles se enseña que los seres humanos heredaron una naturaleza pecaminosa.

_____

Escriba dos lugares en la Biblia (mencionados en esta lección) en los cuáles se enseña lo que significa el pecado.

_____

_____

Escriba donde se encuentra los Diez Mandamientos en la Biblia

_____

Escriba dos lugares en la Biblia (mencionados en esta lección) en los cuáles se enseña que la paga del pecado es la muerte.

_____

De acuerdo a la ley de Dios, todo aquél que pecare morirá (CIERTO o FALSO).

Escribe dos lugares en la Biblia (mencionados en esta lección) en los cuáles se enseña que los que rechazan el regalo de la salvación en Cristo Jesús serán condenados eternamente.

_____
_____
_____

Autoexamen #7

La Biblia enseña que "hay un solo Dios y un solo mediador entre Dios y los hombres, Jesucristo hombre, el cual se dio a sí mismo en rescate por todos, de lo cual se dio testimonio a su debido tiempo." Este versículo se encuentra en:

- a) 2 Timoteo 2:5
- b) 1 Timoteo 2:5
- c) 2 Timoteo 1:15
- d) 1 Timoteo 1:15

La evidencia más convincente de nuestra fe está basada en el hecho de que Jesús resucitó de la tumba (CIERTO o FALSO).

Un mediador es: _____
_____

Escriba dos lugares en la Biblia (mencionada en esta lección) que enseña que la misión de Jesús es salvación.

_____

Escriba las dos palabras claves que describen el significado de la palabra mediador.

_____

_____

En el libro de Juan capítulo 11 y versículo 25, Jesús dijo "yo soy el camino la verdad y la vida, nadie viene al padre, sino es por mi (CIERTO o FALSO).

Escriba dos lugares en la biblia (mencionados en esta lección) que enseñan que el mensaje de Jesús es sobre la salvación.

_____
_____
_____

Autoexamen #8

¿Qué significa tener fe?
_____
_____
_____

Escriba este versículo de memoria: Juan 3:16 _____
_____

La Biblia dice que la fe viene por el oír. Este versículo se encuentra en:
    a) Romanos 1:17
    b) Romanos 10:17
    c) Romanos 3:16
    d) Juan 3:16

Escriba dos lugares en la biblia (mencionados en esta lección) donde enseña sobre la necesidad de creer en Dios.
_____
_____
_____

La Biblia enseña que nadie puede ser salvo si no creen en Jesús (CIERTO o FALSO).

Confesar es: _____

La Biblia enseña que tenemos que confesar a Cristo para ser salvos (CIERTO o FALSO).

Escriba la oración de salvación de memoria:
_____
_____
_____
_____
_____
_____
_____
_____

Autoexamen #9

Perdonar es: _____

Escriba dos lugares en la biblia (mencionados en esta lección) donde enseña sobre aquellos que han puesto su confianza en Cristo Jesús como Señor y Salvador, han recibido el perdón de Dios:

_____
_____
_____

Escriba dos lugares en la biblia (mencionados en esta lección) donde hay evidencia que Dios transforma a los que están en Cristo Jesús.

_____
_____
_____

Escribe lo que significa la transformación de Dios en la vida del discípulo

_____
_____
_____
_____

Escriba dos lugares en la biblia (mencionados en esta lección) donde hay evidencia de que Dios traslada los que están en Cristo Jesús de un estado viejo a un estado nuevo.

_____
_____
_____

Escribe lo que significa nuestra nueva posición en Cristo para ti (traslado)

_____
_____
_____
_____
_____

Autoexamen #10

Escribe lo que significa la gracia de Dios
_____
_____
_____

Escriba dos lugares en la Biblia (mencionados en esta lección) donde hay evidencia de que la salvación viene por la gracia de Dios.
_____
_____
_____

Escriba dos lugares en la Biblia (mencionados en esta lección) donde hay evidencia que dice que ya no estamos bajo la ley sino bajo la gracia.
_____
_____
_____

Escriba dos lugares en la biblia (mencionados en esta lección) donde hay evidencia de que Dios sostiene a aquellos que están en Cristo Jesús.
_____
_____
_____

La biblia enseña que somos salvados y sustentados por la gracia de Dios (CIERTO o FALSO).

Cuando Pablo oró, Dios respondió diciendo: "Bástate de mí

_____; porque mi poder se _____ en la debilidad.

Autoexamen #11

La Biblia enseña que Jesús lavó los pies de los discípulos para enséñales el valor del servicio cristiano. ¿Dónde se encuentra esto en la Biblia? _____.

Escriba dos lugares en la biblia (mencionados en esta lección) donde enseña que los cristianos son siervos de Dios.

_____
_____
_____

La Biblia enseña que los discípulos de Cristo discutieron sobre quien iba ser el más grande en el reino de Dios (CIERTO o FALSO).

La Biblia enseña que la calidad de su servicio no importa. Lo que vale es que estemos trabajando para Dios (CIERTO o FALSO)

Según el capítulo seis del libro de los hechos hay tres llaves para un servicio de calidad. ¿Cuáles son?

_____
_____
_____

Mientras usted se prepara para servir al Señor en su iglesia y comunidad, nunca se olvide que la gente no solamente está escuchando lo que usted dice, sino que también está _____ lo que usted _____.

La palabra ungido significa, estar _____ o saturado.

Escriba dos lugares en la Biblia (mencionados en esta lección) donde hay evidencia que debemos ser lleno del Espíritu Santo.
_____

La sabiduría es el poder o la habilidad para _____ el _____ que uno ha recibido

Dios da sabiduría solo a los que son digno de recibirlo (CIERTO o FALSO).

Autoexamen #12

De acuerdo al Nuevo Testamento, se le ha dado dos ordenanzas a la Iglesia: El _____ en _____, y la Santa Comunión

En el libro de Romanos (capítulo seis) el apóstol Pablo explica el simbolismo del bautismo. El bautismo simboliza:

_____

_____

Escriba dos lugares en la Biblia (mencionados en esta lección) donde puedo hallar evidencia que los cristianos han recibido un espíritu nuevo.

_____

_____

Mateo 16:24 dice; "Entonces Jesús dijo a sus discípulos: Si alguno quiere venir en pos de mí, _____ a sí mismo, y tome su _____, y sígame."

Escriba tres verdades Bíblicas que debemos recordar cada vez que celebramos la cena del Señor.

_____

_____

_____

Aquellos que creen en Jesús, son llamados a seguirle por el bautismo en agua, y conmemorarle juntándose con otros creyentes alrededor de la mesa del Señor, regularmente. (CIERTO o FALSO)

Bibliografía

Ralph Earl. *How we got our Bible*. Kansas City: Beacon Hill Press, 1992.

Frederick C. Mish, Editor in Chief. *The Merriam-Webster Dictionary*.

Springfield: Merriam-Webster publishers, 1989.

Earl D. Radmacher, General Editor. *The Nelson Study Bible, NKJV*.

Nashville: Thomas Nelson Publishers, 1997.

Frank Charles Thompson. *Biblia de Referencia Thompson, R.V.*

1960. Miami: Editorial Vida, 1983.

Dios Habla Hoy. España: Sociedades Bíblicas Unidas, 1996.

W.E. Vine. *Vine Diccionario Exhaustivo*. Nashville: Editorial Caribe, 1999.

James Strong. *Nueva Concordancia Strong Exhaustiva*. Nashville:

Editorial Caribe, 2002.

Matthew Henry. *Matthew Henry's Commentary on the Whole Bible*.

Peabody: Hendrickson Publishers, 1997.

Alfred Thomas Eade. *Estudio Bíblico de la Nueva Panorama*. El Paso: Editorial Mundo Hispano, 2001.

S. Leticia Calcada. *Diccionario Bíblico ilustrado Holman*. Nashville:

B&H Publishing Group, 2008.

Webster's New American Dictionary. New York: Books Inc., 1947

Recursos de la Academia

de Disciplulado

Nivel 1   Nivel 2   Nivel 3   Nivel 4   Nivel 5

Para más información:
Joseph Anthony Andino
15 Grove Street
Passaic, New Jersey 07055
Joaby@aol.com
www.academiadediscipulado.com
973-472-3498

www.ingramcontent.com/pod-product-compliance
Lightning Source LLC
Chambersburg PA
CBHW071207070526
44584CB00019B/2947